François MAURIAC
et
Jacques RIVIERE

CORRESPONDANCE
1911 – 1925

Edition critique

par

John E. FLOWER

University of Exeter
1988

325157

First published 1988 by
The University of Exeter

©J. E. Flower 1988

ISSN 039 – 6998
ISBN 0 85989 254 9

March 1988

Printed in Great Britain by A. Wheaton & Co. Ltd., Exeter

TEXTES LITTERAIRES

Collection dirigée par Keith Cameron

LXVIII

François Mauriac
et
Jacques Rivière

CORRESPONDANCE
1911 1925

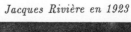
Jacques Rivière en 1923

François Mauriac vers 1920

Ces deux illustrations relèvent des
archives Mauriac et Rivière

V

AVIS

De ces vingt-cinq lettres et cartes onze ont déjà été publiées ou bien dans *Du côté de chez Proust* (Nos. XIII, XVI, XIX, XXII, XXIV) ou bien dans *Lettres d'une vie* (Nos. VII, XII, XIV, XV, XX, XXV). Nous tenons à remercier très vivement M. Alain Rivière et la famille Mauriac de nous avoir autorisé de reproduire celles-ci aussi bien que les autres jusqu'ici inédites.

La présente édition doit beaucoup aux recherches de M. Kevin O'Neill qui avant sa mort prématurée pensait à la préparer à l'époque où il travaillait sur la correspondance Gide–Rivière. La chronologie que nous avons finalement établie diffère très légèrement de celle qu'avait proposée O'Neill aussi bien que de la présentation que, d'après ses notes, il semble avoir envisagée comme une sorte de commentaire historique. Au lieu de fournir une longue introduction récapitulative nous nous sommes restreint à indiquer le développement général de l'amitié des deux hommes et les principaux centres d'intérêt de leur correspondance. Les détails qui éclairent un nombre de problèmes et de débats spécifiques se trouvent dans les notes. En guise de post-scriptum il nous a semblé utile d'ajouter sans commentaires deux textes complémentaires. Le compte rendu du *Fleuve de feu* qui a paru dans *La Nouvelle Revue Française* en juillet 1923 et une 'lettre ouverte' de Mauriac à Rivière publiée dans *La Table ronde* en décembre à propos de la correspondance entre Gide et Claudel.

Encore une fois nous exprimons notre reconnaissance à M. Alain Rivière, à M. Claude Mauriac et à Mme Jean Mauriac qui tous ont puisé dans leurs archives personnelles à la recherche (pas toujours avec le succès espéré!) des renseignements particuliers. Nous sommes aussi reconnaissant à M. Stuart Barr qui a très généreusement mis ses connaissances de la vie et des œuvres de Jacques Rivière à notre disposition et à M. David Steel qui nous a communiqué le texte de son intervention sur Rivière et la psychanalyse au colloque qui a eu lieu au Collège de France, à Paris en novembre 1986. Les détails bibliographiques des œuvres consultées sont donnés dans les notes. Nous tenons à signaler en particulier: Auguste Anglès, *André Gide et le premier groupe de la 'Nouvelle Revue Française'*, vol. II, *L'âge critique* (Gallimard, Paris, 1986); Pierre Assouline, *Gaston Gallimard : Un demi-siècle d'édition française* (Balland, Paris, 1984); Jean Lacouture, *François Mauriac* (Seuil, Paris, 1980); Jacqueline Morton, *Correspondance André Gide François Mauriac, 1912-1950*, Cahiers André Gide Vol. II (Gallimard, Paris, 1971).

VI

INTRODUCTION

'Quel malheur qu'il m'ait fallu attendre les dernières années de sa vie pour
le connaître!' François Mauriac.
(Lettre inédite à Isabelle Rivière, 1 décembre 1926)

Il nous semble peu utile dans cette introduction de reproduire l'essentiel de ce
qui a été déjà raconté concernant l'histoire des relations entre Mauriac et Rivière
notamment par Michel Suffran, Alain Rivière et Jacques Monférier (1). En met-
tant en relief les rôles joués par André Lacaze, Alain-Fournier, Gide, Claudel,
Massis et d'autres, ils ont établi les grandes lignes et les éléments principaux du
développement d'une amitié entre ces deux bordelais destinée à devenir profonde
dans les années précédant la mort prématurée de Rivière en février 1925. Il ne nous
semble pas nécessaire non plus de rouvrir le débat concernant la foi de Rivière,
débat auquel a participé Mauriac lui-même et qui a mis en opposition d'un côté la
veuve de Rivière et de l'autre le cercle des amis d'André Gide.

Pourtant, bien que relativement petite et malheureusement écourtée par la
mort de Rivière cette correspondance est importante et mérite d'être présentée
intégralement. Elle n'a pas, évidemment, la taille de ces volumineuses correspon-
dances entre Francis Jammes, Paul Claudel, Gabriel Frizeau, André Gide et d'autres
par exemple, dans lesquelles le noms de Mauriac et de Rivière réapparaissent de plus
en plus fréquemment. Elle n'illustre donc pas de la même façon les débats passionnés
autour de la foi ou la portée morale et spirituelle de l'art ou de la littérature. Elle
n'a pas non plus le même intérêt tout simplement anecdotique qui nous permet de
créer un tableau détaillé du monde artistique et intellectuel des premières années
du vingtième siècle. Mais si, malgré tout, elle reste sur un ton mineur par com-
paraison, sa contribution n'en est pas moindre. Elle nous permet non seulement de
suivre le développement d'une amitié entre ces deux hommes mais elle illumine très
utilement plusieurs aspects de la vie de chacun d'eux.

La correspondance commence par une carte de visite envoyée par Rivière au
début de février 1911 pour remercier Mauriac (par erreur) de lui avoir envoyé un

---

(1) Michel Suffran, *Sur une génération perdue*, Samie, Bordeaux, 1966; Alain Rivière,
'François Mauriac et Jacques Rivière ou les intermittences de la grâce', *Cahiers
François Mauriac* Vol. 4, Grasset, Paris, 1976, pp. 137–60; Jacques Monférier, 'Jacques
Rivière et François Mauriac', *Bulletin des amis de Jacques Rivière et d'Alain-Fournier*,
Vol. IV, No. 11, Viroflay, 1978, pp. 73–88. (Ces deux dernières publications seront
désignées dans nos notes: *CFM* et *BAJRAF*.)

exemplaire de *La Plume politique et littéraire* où se trouvent deux de ses poèmes. A partir de cette date jusqu'en mai 1913 il y aura huit lettres et cartes à intervalles irréguliers. Toutes sauf la lettre de Mauriac du 22 décembre 1912 sont assez brèves mais, surtout de la part de Rivière, remplies de phrases de politesses conventionnelles et non dépourvues d'une certaine méfiance. Pour Rivière Mauriac était le représentant typique de la société bordelaise contre laquelle il avait été lui-même en pleine révolte. En plus il soupçonnait Mauriac avec raison (Lettres VI et VII) de tenir essentiellement à certaines valeurs politiques et sociales qui n'étaient pas les siennes. Le seul geste positif que semble faire Rivière envers Mauriac pendant ces premières années est de l'inviter (24 juin 1912) à venir écouter la lecture de *L'Echange* de Claudel par Jacques Copeau. Par contre les lettres de Mauriac font penser qu'il cherche à s'insinuer dans l'amitié de Rivière...et peut-être dans le groupe de Gide et de la *NRF* (2). En parlant des articles de Rivière publiés dans la revue, Mauriac prend souvent un ton assez flatteur, bien que les comptes rendus qu'il en fait pour *Les Cahiers de l'Amitié de France* donnent une impression différente (Lettre VII). Et c'est peut-être cette même attitude critique qui a provoqué la réaction de Rivière à laquelle Mauriac fait allusion dans cette même lettre du 22 décembre 1912. Il est aussi question ici de l'article d'Alain-Fournier dans *Paris-Journal* (5 avril 1912), une sorte de réponse à la contribution qu'a faite Mauriac quelques jours plus tôt dans *La Revue hebdomadaire* au débat sur Charles Maurras et 'La jeunesse littéraire'. Dans cet article comme dans ceux qu'il écrit pour *Les Cahiers de l'Amitié de France* Mauriac se présente comme étant beaucoup moins prêt à accepter les doctrines de la *NRF* ('cette chapelle où l'on a le goût de prêcher') qu'il ne semble l'être dans ses lettres à Rivière. De plus, on sait très bien que beaucoup plus tard dans *La Rencontre avec Barrès* (1945), *Du côté de chez Proust* (1947) et ailleurs, Mauriac suggère qu'en réalité et par tempérament profond il était à cette époque de sa vie très proche de l'esprit de la *NRF* (3) et que le personnage qu'il adoptait et qu'il présentait aux autres n'était qu'une caricature et qu'un déguisement. De la revue elle-même il dit: 'Je la lisais chaque mois jusqu'aux annonces. Littérairement, c'était mon évangile' (4).

La vérité était probablement différente – ou plus nuancée – et certainement difficile à démêler. Il est presqu'inévitable que malgré le fait qu'ils sont basés sur des notes prises dans ses premières années à Paris, les souvenirs de Mauriac se modifient et se conforment à une certaine idée qu'il veut conserver même inconsciemment de ses rapports avec la *NRF* qui d'ailleurs n'étaient ni ne seront jamais très étendus (5).

---

(2) Voir en particulier, Stuart Barr, *André Gide – Isabelle Rivière: un débat passionné*, *BAJRAF* 1984, Vol. X, No. 34.

(3) *La Rencontre avec Barrès*, *Œuvres complètes* (12 volumes), Fayard, Paris 1952–56, Vol. IV, pp. 202 et 203.

(4) *Ibid.*, p. 201.

(5) Sa première contribution originale un compte rendu du roman de Lacretelle, *Silbermann*, paraît en décembre 1922. Son association avec la revue ne dure vraiment

En plus, les premières étapes de ses relations avec Rivière furent dépassées par celles d'après la guerre où percent une amitié et une affection mutuelles. Non moins importante aussi est l'aptitude que Mauriac a toujours eue – au point même où on l'accuserait presque d'hypocrisie – à s'intéresser aux courants de pensée en apparence contradictoires et pour lesquels on ne penserait pas qu'il doive avoir beacoup de sympathie.

Il est également difficile de savoir si avant le début de cette correspondance Mauriac et Rivière se sont rencontrés. En octobre 1907 quelques semaines avant l'arrivée de Mauriac à Paris, Rivière s'y est installé avec son frère Pierre dans un hôtel, rue de Tournon, dont Mauriac parle dans *La Rencontre avec Barrès*: 'Jacques Rivière, lui aussi, gagnait la capitale. Je me souviens de son horrible chambre, rue de Tournon' (6). Dans le même essai il exprime son regret de ne pas avoir partagé une amitié avec Rivière dès l'automne de 1907 et en attribue la raison au rôle joué par André Lacaze qu'ils avaient connu tous les deux à Bordeaux et qui est monté à Paris lui aussi la même année. Toujours dans *La Rencontre avec Barrès* Mauriac se plaint du fait qu'une fois dans la capitale Lacaze 's'ingéniait à brouiller les cartes' (7). De son côté Lacaze prétend dans ses 'Souvenirs (1905–1908)' que Mauriac a eu peur de l'image qu'il lui avait donnée de Rivière et 'refusa de se laisser présenter à cet apôtre sans pitié' (8). Quoi qu'il en soit il semble possible qu'un élément de jalousie se soit introduit dans la conduite de Lacaze, sans lequel Mauriac et Rivière se seraient peut-être vus plus souvent entre 1907 et 1911 (l'année au cours de laquelle Lacaze retourne à Bordeaux) malgré leurs différences sociales et intellectuelles.

Après la guerre Rivière retourne à Paris où il assume la direction de la *NRF* qui réparaît en juin. Mauriac y est déjà depuis deux ans. Il fréquente en particulier le salon de Madame Mühlfeld où il rencontre assez souvent Gide. Il se peut qu'entre 1919 et 1922 l'année où la correspondance reprend en octobre, Mauriac et Rivière se soient rencontrés. Il se peut aussi que pour cette période des lettres nous manquent. Cependant la première référence que fait Rivière à Mauriac dans son agenda est du 27 janvier 1922. Au cours de cette année ils se voient et Rivière dîne chez les Mauriac peut-être pour la première fois le 28 octobre quelques jours après son acceptation du *Fleuve de feu* pour la *NRF* (Lettre IX). A partir de ce moment-là les lettres deviennent plus fréquentes, plus longues et plus chaleureuses. Le mode d'adresse passe du style formel au plus intime; les références à Mauriac dans les agendas de Rivière se multiplient. Le seul véritable intervalle se trouve entre mai et septembre 1923. Il n'y a pas de raison évidente pour ce silence (des deux côtés d'ailleurs) mais il est possible que Mauriac fût déçu et même irrité par le compte rendu du *Fleuve*

---

qu'une dizaine d'années. En novembre 1951 il écrit 'Les Catholiques autour d'André Gide' pour le numéro spécial consacré à Gide.

(6) *La Rencontre avec Barrès*, p. 181.

(7) *Ibid.*, p. 210.

(8) *NRF*, avril 1925, p. 422.

de feu (voir Appendice) que Rivière écrivit dans la *NRF* en juillet surtout après les commentaires approbateurs qu'il avait faits du roman dans sa lettre du 17 octobre 1922 et surtout dans celle du 16 février 1923. De plus, la publication du *Fleuve de feu* en feuilleton dans la *NRF* avait été interrompue en janvier 1923 par le numéro spécial consacré à Proust (Lettre XI).

Mais les réactions changeantes de Rivière envers ce roman s'expliquent en partie peut-être par ses propres problèmes et inquiétudes. Depuis 1921 au moins il s'intéresse activement à la psychanalyse et à l'œuvre de Freud; en novembre de cette année il a commencé à assister aux séances de psychanalyse d'Eugenia Sockolnycka et il donne ses propres conférences sur Freud au Vieux-Colombier en janvier 1923 et à Genève en mars (Lettres XI et XII). Il est également possible que les débuts de son amitié amoureuse avec Antoinette Morin-Pons ('une Gisèle de Plailly – sans la Grâce') qui fréquente le groupe de la *NRF* et à qui il écrit pour la première fois le 27 février 1923 y soit pour quelque chose aussi (9). Quelle que soit la vérité l'intérêt que porte Rivière depuis quelques temps à la psychologie de l'amour et au conflit entre la foi, le devoir et la passion charnelle rend le sujet du *Fleuve de feu* particulièrement séduisant pour lui. Il examinera lui-même ce combat dans son deuxième roman *Florence* où son héroïne éponyme est en partie basée sur Madame Morin-Pons(10). Mais n'est-il pas possible en plus (comme l'a proposé Alain Rivière)(11) que Rivière vît en Mauriac une sorte de successeur de Proust – mort à la fin de 1922 – dans le domaine du roman psychologique? Evidemment le rôle qu'attribue Mauriac à la grâce présente des problèmes, surtout dans *Le Fleuve de feu* mais beaucoup moins dans *Le Désert de l'amour*, et il est certain qu'une correspondance entre les deux hommes sur ce sujet aurait été d'une importance capitale. Il n'en reste pas moins curieux cependant, étant donné la perspicacité habituelle de Rivière, qu'il ne semble pas avoir observé l'élément de lesbianisme qu'on trouve dans les rapports entre Gisèle et Lucile dans le roman de Mauriac et qui le rend même plus complexe que Rivière ne l'imagine.

Cette oscillation chez Rivière entre la foi et le doute (ou ce qui était une perception plutôt scientifique de la vie et une curiosité intellectuelle) ne date pas, comme

---

(9) Les lettres de Rivière à Antoinette Morin-Pons ont été déposées au Fonds Doucet. La première date du 27 février 1923; la dernière du 5 février 1925. Nous n'avons pu encore consulter ces lettres.

(10) Voir Maria Van Rysselberghe, *Les Cahiers de la Petite Dame*, Vol. II (1929–1937), Cahiers André Gide No. 5, 1973, p. 437: 'Mme M-P nous explique que ce personnage dont la psychologie est sans beaucoup de cohérence est fait de données multiples.' Il est possible qu'une de ces 'données' soit Maggie H. une Genevoise mondaine dont Rivière a fait la connaissance peut-être en 1917. Cinq lettres de Rivière à Maggie du 24 avril 1924 au 1 février 1925 ont été publiées dans *La Nouvelle Revue de Paris*, décembre 1986.

(11) *BAJRAF* 1985, Vol. XI, No. 36, pp. 3, 4.

on sait, tout simplement du début des années vingt. Déjà en 1912 Mauriac avait remarqué (Lettre VII) que 'deux hommes [Gide et Claudel] vous ont pris et se disputent en vous'. En ce qui concerne Rivière cette lutte ne cesserait pas, même avec sa mort et elle prend des dimensions publiques en particulier dans les années vingt dans la controverse entre d'un côté Gide et la *NRF*, et de l'autre Henri Massis. Massis croit fermement que le devoir de l'écrivain est de faire valoir un ordre et une discipline morale basés sur la foi catholique. Selon lui – et il se trouve appuyé par Jacques Maritain – par leurs idées et leurs écrits 'diaboliques' Gide et la *NRF* minent les bases essentielles de la société. De temps en temps la dispute devient assez acrimonieuse et se poursuit dans des lettres et dans une série d'articles publiés en particulier par la *NRF*, *Les Nouvelles littéraires*, *La Revue hebdomadaire* et *La Revue universelle* (Lettres XIII et XVII). Mauriac y participe en prenant la défense de Gide dans un article qui paraît dans *L'Université de Paris* en 1921 (Lettre XIII). Mais sa position reste au fond ambiguë(12). Pour lui l'ordre et la discipline ne sont pas des valeurs qu'on rejette impunément et malgré sa profonde sympathie pour Rivière il n'arrive pas à s'associer totalement avec lui et surtout pas avec Gide bien que ce dernier continue à le fasciner. La même ambiguïté – ou peut-être une générosité d'esprit – caractérise aussi sa participation à la dispute suscitée par la publication du roman de Raymond Radiguet *Le Bal du comte d'Orgel*. Dans un compte rendu qui paraît dans *La Revue hebdomadaire* (19 juillet 1924) Mauriac cite des extraits d'une préface au roman écrite par Cocteau et loue Radiguet pour sa psychologie romanesque et pour son classicisme. Deux semaines plus tard dans *La Revue universelle* Massis reprend le même thème et adopte les mêmes termes (Lettre XXI).

Etant donnée la position de Mauriac dans ces disputes il est difficile d'imaginer quelle direction auraient prise ses rapports avec Rivière et en plus ce que celui-ci aurait pensé de *Vigile*, la revue éphémère que fonde Mauriac en 1930 avec Charles du Bos et qui 'face à la *NRF* eût constitué un centre de ralliement pour les nouveaux convertis'(13) (Lettre XV). Mais tout ceci doit demeurer une hypothèse. Ces vingt-cinq lettres et surtout les quinze dernières font preuve d'une amitié basée finalement sur un respect réciproque et selon toute probabilité destinée à devenir de plus en plus confiante.

---

(12) Dans *La Revue des jeunes*, le 25 juillet 1917, Mauriac avait déjà accusé Gide d'une 'passion de vagabondage et d'une indiscipline protestante'.
(13) *Nouveaux Mémoires intérieurs*, Flammarion, Paris, 1965, p. 157.

I

JACQUES RIVIERE

[carte de visite: premiers jours de février 1911]

[*recto*]

pense qu'il doit attribuer à Monsieur François Mauriac l'envoi qui lui a été fait de la *Plume politique et littéraire* et le prie d'accepter avec ses remerciements ses félicitations pour les beaux vers qu'il y a lus (1).

15, Rue Froidevaux

[*verso*]

Il sera très heureux de le recevoir chez lui, s'il est sûr que ce n'est pas l'inviter à un trop lointain voyage (2).

---

(1) *La Plume politique et littéraire.* Fondée en 1906 par la famille Brémond d'Ars, les premiers numéros sont irréguliers et polycopiés mais la revue devient mensuelle et imprimée à partir de 1908. En 1910 la direction en est prise par Robert Vallery-Radot (voir Lettre VII, note 7); c'est probablement lui qui envoie l'exemplaire de janvier 1911 à Rivière où se trouvent les deux poèmes de Mauriac: 'Voyages' et 'La Maddalena de G. Bellini'. La revue se fond en 1912 avec *Les Cahiers de l'Amitié de France* (voir Lettre VII, note 4).

(2) Malgré le fait que de tous les collaborateurs de la *NRF* à cette époque Rivière est le seul à être rémunéré pour ses contributions, le ménage Rivière reste toujours dans un état assez impécunieux. Ces derniers mots ne sont donc pas sans une certaine ironie. Pour Rivière Mauriac représente le jeune bourgeois poseur et mondain (ce que Mauriac reconnaîtra lui-même d'ailleurs plus tard) qui ne devait pas se soucier du prix d'un repas ou d'un fiacre. Ne se définit-il pas dans une lettre à sa mère comme étant 'un bordelais jeune, riche, pas bête et délicieusement apparenté'? (19 novembre 1907, *Cahiers de l'Herne*, No 48 (dirigé par Jean Touzot), Paris 1985, p. 64.) Après leur mariage en août 1909 les Rivière ont habité chez les parents d'Isabelle, 24 rue Dauphine (6ᵉ arrondissement); ils sont la rue Froidevaux (14ᵉ) depuis le début d'octobre 1910. D'après ce que raconte Mauriac dans *La Rencontre avec Barrès*, lui et Rivière se sont déjà vus avant le mariage: 'Jacques Rivière, lui aussi, gagnait la capitale. Je me souviens de son horrible chambre, rue de Tournon' (*OC*, IV, p. 181). Depuis 1909 Mauriac habite 45 rue Vaneau (7ᵉ) où il restera jusqu'à son mariage avec Jeanne Lafon en 1913.

II

Lundi 13/2 [1911]————————   [carte]
                                                            [*recto*]

Cher Monsieur

J'avoue n'être pour rien dans l'heureux hasard qui nous réunit (1). Mais j'avais dernièrement demandé votre adresse à M. Frizeau (2) pour vous envoyer mon livre *Les Mains jointes*. Malheureusement, l'éditeur a publié dans la n^elle édition de ce petit livre l'article que Barrès lui consacra, (3) et j'ai craint de vous scandaliser par cette outrecuidante réclame, où je ne suis pour rien. Je [*verso*] vous prie donc de me la pardonner en feuilletant ces pages que vous recevrez bientot. Vous voyez quel prix j'attache à votre estime littéraire. Vos *beaux jours* (4) m'ont bien réellement

---

(1) Voir Lettre I, note 1.

(2) Gabriel Frizeau (1870–1938), ami bordelais de Jammes et de Claudel, et amateur de musique et d'art modernes. Il rassemblait autour de lui dans sa maison, rue Régis à Bordeaux, un petit groupe dont, parmi d'autres, Rivière, André Lacaze (voir Lettre IV, note 3), et André Lafon, mais non, semble-t-il, Mauriac. Cependant c'est chez lui que Mauriac voit le célèbre triptyque de Gauguin – 'D'où venons-nous? Que sommes-nous? Où sommes-nous? Où allons-nous?' – qui se trouve aujourd'hui au Musée de Boston aux Etats-Unis. Dans le deuxième roman de Mauriac, *La Robe prétexte* (1914), Jacques, le narrateur, voit dans Gauguin quelqu'un qui représente une fuite et une libération du milieu bourgeois où lui, Jacques, se sent enfermé. Rivière avait lui-même fait un compte rendu de l'exposition parisienne des peintures de Gauguin dans la *NRF* (juin 1910). Il parle du triptyque comme étant 'le tableau de Gauguin que j'aime le plus'. 'Je songe à ce grand panneau, à cet étrange Paradis méditatif, que Gauguin intitule: "Que sommes-nous? D'où venons-nous? Où allons-nous?" Il renferme des parties de clair-obscur, des enveloppements. La tiède nuit tahitienne baigne le paysage. Et n'est-ce pas elle qui se tient dans le fond comme une femme voilée par l'ombre et retirée'.

(3) La première édition de ce petit volume de vers est publiée en novembre 1909 à frais d'auteur. Inspiré de ce que Mauriac lui-même définira plus tard comme 'les faciles délices d'une sensibilité religieuse' (*Dieu et Mammon, OC*, VII, p. 289), le recueil est loué par Maurice Barrès dans un article, devenu célèbre, dans *L'Echo de Paris* (le 21 mars 1910). Cet article deviendra la préface à la deuxième édition des poèmes. Le 8 février 1910 Barrès avait déjà écrit à Mauriac: 'Vous êtes un grand poète que j'admire, un poète vrai, mesuré, tendre et profond...' et à Pâques de la même année, après le succès inattendu de ce recueil: 'soyez paisible, soyez sûr que votre avenir est tout aisé, ouvert, assuré, glorieux, soyez un heureux enfant.' (*La Rencontre avec Barrès, OC* IV, p. 181 et p. 208. Le ton ici de la fausse modestie et presque de flagornerie est trop évident. Mauriac cherche-t-il déjà à s'insinuer dans les bonnes grâces de Rivière et donc de la *NRF*? Les premières lettres de Mauriac à Barrès ont été publiées dans *Le Cahier de l'Herne* pp. 115–120. Le même ton les caractérise.

(4) Un roman qui reste inachevé mais dont un fragment est publié dans la *NRF*, novembre

touché, et bien encore vos notes sur Boris Godounoff (5).

Je tenterai donc le voyage. Mais je songe que vous devez passer près de chez moi *45 Rue Vaneau VII*, en allant Rue d'Assas (6) – En tout cas, fixez-moi l'endroit l'heure et le jour où j'aurai le très vif plaisir de vous retrouver.

François Mauriac

1910. Il est caractérisé par une sorte d'impressionnisme littéraire et d'une mélancolie un peu maniérée qui auraient sûrement exercé une attraction sur Mauriac.

(5) Voir l'article 'Moussorgski', *NRF*, novembre 1911.

(6) 78 rue d'Assas (6e) est l'adresse de l'appartement de Jean Schlumberger et du bureau provisoire de la *NRF* qui, par la suite, s'établira à la librairie Marcel Rivière, au coin de la rue St. Benoît et de la rue Jacob (6e) et du 1 october 1912 au 35–37 rue Madame (6e).

III

Vendredi [17 février 1911]

Cher Monsieur,

Pardonnez-moi, je vous prie, de ne pas vous avoir répondu plus tôt. J'ai été très distrait cette semaine.

Je lirai avec le plus grand intérêt votre livre (1) et je vous remercie de vouloir bien me l'envoyer. Je regrette de n'avoir pas encore de quoi transformer ce présent en un échange.

Vous me ferez un grand plaisir en venant me voir chez moi (15 Rue Froidevaux) à côté de la Place Denfert Rochereau (2). Je serai là dans l'après-midi de Mardi, jusque vers quatre heures. Cela ne vous dérangera-t-il pas trop de venir?

Je vous prie, cher Monsieur, de croire à ma meilleure sympathie

Jacques Rivière

15 Rue Froidevaux

---

(1) La deuxième édition des *Mains jointes*.
(2) En précisant ainsi son adresse Rivière suggère-t-il que Mauriac n'a pas encore essayé de faire ce 'trop lointain voyage'?

IV

Lundi [19 février 1912]

Cher Monsieur,

[*recto*]

Je suis vraiment navré et de n'avoir pas répondu tout de suite à votre carte et de vous avoir laissé me faire une visite vaine (1). J'ai été submergé, ces jours-ci, sous un flot d'épreuves (2). Je n'en sortirai guère avant la fin de la semaine.

[*verso*]

Mais dès la semaine prochaine j'irai vous voir. Je vous serais seulement reconnaissant de me faire savoir à votre tour à quelles heures j'aurais des chances de vous rencontrer. Me diriez-vous par la même occasion l'adresse exacte de Lacaze? (3)

---

(1) Est-ce la première fois que Mauriac se soit hasardé la rue Froidevaux et est-ce pour remercier Rivière d'un exemplaire d'*Etudes* qui porte la dédicace: 'avec la vive sympathie de Jacques Rivière'?

(2) Probablement celles du numéro de la *NRF* de mars. Secrétaire de rédaction depuis le 15 décembre 1911, Rivière est très conscient de ses responsabilités qui sont lourdes. Le 19 mars il écrira à Copeau: 'Ce n'est pas rien de mener la Revue, je vous assure. Je ne peux plus rien faire pour moi et j'ai la tête brisée. Mais ceci n'est pas une plainte. C'est un cri d'héroïsme' (*BAJRAF*, Vol. VIII, No. 27, 1982, p. 9).
Le 5 février les Rivière ont célébré la publication d'*Etudes* qui sera mis en vente en librairie trois jours plus tard. Il écrit à ses tantes (le 5 février) avec une petite pointe d'ironie: 'Grand déjeuner avec les Lhote et Henri pour fêter ma nomination de Secrétaire. Après le déjeuner il y a eu une solennelle distribution de prix aux invités. A savoir: *Etudes* par Jacques Rivière. Vous allez recevoir votre prix un de ces jours'. Et le 12 février il écrit: 'Mon livre est en vente depuis jeudi' (Archives Alain Rivière). Il y aura un compte rendu d'*Etudes* dans *Les Cahiers de l'Amitié de France* (avril 1912). L'article qui n'est pas signé est probablement de Vallery-Radot qui partage les 'Chroniques' des *Cahiers* avec Mauriac. En général le ton est enthousiaste l'auteur considérant qu'*Etudes* est 'l'une des œuvres les plus significatives de la nouvelle génération'.

(3) André Lacaze (1885-1964) ancien condisciple de Mauriac à Grand-Lebrun. Il sert en partie de modèle pour un des protagonistes du 'Démon de la connaissance' nouvelle publiée en 1929 dans *Trois Récits*, et pour André Donzac dans *Un Adolescent d'autrefois* (1969). Mauriac se souviendra de Lacaze à cette époque dans ses blocs-notes le 5 décembre 1964: 'Il fut, dans cette classe d'un collège religieux bordelais, le seul garçon intelligent (au sens où l'on dit que Sartre est intelligent). Il le savait. Il m'avait voué une sorte de culte, mais sans perdre jamais le sentiment de sa supériorité' (*Le Nouveau Blocs-notes* (1968), p. 451). A la même époque Rivière faisait ses études au Lycée de Bordeaux. Lacaze date sa rencontre avec lui de 1905 et dès ce moment-là les deux hommes ne cesseront de se voir ou de s'écrire jusqu'à la mort de Rivière en 1925. Ils partent définitivement ensemble pour Paris en octobre 1907 quelques se-

6

Merci d'avance, pardonnez-moi et croyez à mes meilleurs sentiments

Jacques Rivière

\

---

maines avant Mauriac et se voient 'assez souvent' (Lettre à Mme Lacaze, 22 octobre
1907). Bien qu'ils ne se soient pas rencontrés à Bordeaux, il est plus ou moins certain
que Mauriac et Rivière se sont 'connus' grâce à Lacaze. Plus tard Mauriac se plain-
dra non sans justification peut-être du rôle de Lacaze: 'Je n'aurai joui de cette chère
amitié que deux ans à peine, alors que nous aurions pu nous aimer dès 1907! Mais
d'abord, nous avions un camarade qui, lié avec chacun de nous, s'ingéniait à brouiller
les cartes' (*La Rencontre avec Barrès, OC* IV, p. 201). De son côté Lacaze donne
une impression un peu différente. Jacques Rivière 'me faisait l'effet d'un bourreau
de l'Inquisition, mais à qui on eût réservé les besognes de choix, les supplices sa-
vants. François Mauriac, à qui je parlais de ces dispositions menaçantes, prit d'abord
peur, et refusa de se laissa présenter à cet apôtre sans pitié' ('Souvenirs (1905-1908)',
NRF, avril 1925, p. 422). Bien que Lacaze soit retourné à Bordeaux en 1911 il semble curieux que Rivière n'aie plus son adresse. Dans une lettre à André Lhote (27
mars 1908) Rivière dit qu'il voit Fournier et Lacaze 'tous les mois' (*La peinture, le
cœur et l'esprit: André Lhote, Alain-Fournier, Jacques Rivière*. Texte présenté par
Alain Rivière, Jean-Georges Morgenthaler et Françoise Garcia, William Blake and
Co., Bordeaux, 1986, p. 53.) Entre le 12 août 1908 et le 4 septembre 1912 Lacaze
écrit à Rivière sept fois; il ne parle jamais de Mauriac.

V

[carte pneumatique: C.P. 26 février 1912]

Cher Monsieur

Hélas! Je ne pourrai pas encore aller vous voir aujourd'hui. Mon imprimeur m'a fait des bêtises et je suis obligé de rattraper le temps perdu en corrigeant à force des épreuves (1).

J'aurai fini ce soir le numéro et vous irai voir demain Mardi après 5h, si je ne dois pas vous déranger.

Cordialement à vous

J. Rivière
15 R. Froidevaux

---

(1) Le 3 mars Rivière écrira à son frère Marc: 'J'ai eu un travail fou et j'étais bien fatigué. Notre numéro de Mars m'a donné beaucoup de mal, parce que l'imprimerie, ayant eu des ennuis avec ses commanditaires, était toute désorganisée et faisait tout en dépit du bon sens. Et comme elle est à Bruges en Belgique, pour réparer les gaffes, il me fallait faire une correspondance de tous les diables et taper sur le télégraphe' (Archives Alain Rivière).

C—B

VI

LA NOUVELLE REVUE FRANÇAISE
1 Rue Saint-Benoît Paris 6ᵉ

Paris, le 24 Juin 1912 (1)

Cher Monsieur,

Samedi prochain à 8ʰ¾ aura lieu à la Galerie Druet la lecture de l'Echange de Paul Claudel par Jacques Copeau (2)

---

(1) En avril un article de Mauriac, 'La Jeunesse littéraire' paraît dans *La Revue hebdomadaire* (Tome IV, pp. 59-72). Dans cet article, qui est une contribution au débat autour de Charles Maurras, il maintient que l'art doit être basé sur la discipline et la foi. En plus, il n'hésite pas à critiquer la *NRF* – 'cette chapelle où l'on a le goût de prêcher, d'étonner et de n'être pas toujours intelligibles' – en se référant à Gide et, bien qu'il ne soit pas nommé, peut-être à Rivière, 'le plus subtil de ses commentateurs'. Quelques jours plus tard le *Paris-Journal* publie dans son 'Courrier littéraire' une sorte de réponse d'Alain-Fournier dont le ton est assez acerbe et qui est dirigée en particulier contre Mauriac – 'un enfant riche et fort intelligent qui ne se salit jamais en jouant...'. Rivière trouve l'article de son beau-frère 'très bien'. Mauriac, dit-il, 'nous embête avec son ordre et sa discipline' (Lettre du 13 avril 1912, *Correspondance: Jacques Rivière–Alain Fournier*, Vol. II, Gallimard, Paris, 1926, p. 414). Mauriac croit au moins pendant plusieurs semaines que l'article était de Rivière lui-même et lui écrit le 22 décembre 1912: 'L'an dernier [*sic*], parmi de nombreux articles fort méchants dont j'avais été honoré, *un seul* m'avait blessé parce qu'on m'avait assuré qu'il était en partie de vous. J'ai su depuis que cela n'était pas vrai, et que Alain-Fournier l'avait écrit'. Dans *La Rencontre avec Barrès* (pp. 202, 3) Mauriac en rappelant ces événements, essaie de se disculper: ' Je me rappelle, au printemps de 1912, la blessure que me fit dans *Paris-Journal*, une note assez fielleuse d'Alain-Fournier, le beau-frère de Rivière et l'auteur du *Grand Meaulnes*, à propos de ma réponse à une enquête sur la jeunesse littéraire, dans *le Revue hebdomadaire*. Réponse gourmée, sage, officielle et qui n'exprimait rien de mes sentiments profonds [...] Je payais cher ce déguisement que j'imposais à ma véritable nature par nonchalance, inconscient calcul, entraînement aux plaisirs faciles et surtout manque de rigueur intellectuelle.' Mais sur la position sociale et politique de Mauriac à cette époque voir Lettre VII, note 4.

(2) Jacques Copeau, (1879-1949), un des fondateurs de la *NRF* devient un ami très proche de Rivière son cadet de sept ans et avec qui il entretient une vaste correspondance à partir de décembre 1909. Il sera le futur metteur en scène de la pièce de Mauriac *Asmodée* et le fondateur du Théâtre du Vieux-Colombier en 1913. Mauriac commencera à faire sa connaisance, semble-t-il, en 1920 un an après le retour de Copeau des Etats-Unis où il est allé en 1917 avec la compagnie du Vieux-Colombier. Il n'est pas question de cette lecture de *L'Echange* dans la correspondance Rivière-Claudel, mais Rivière écrit à Copeau le 1 juillet: 'Je vous dirai simplement qu'elle m'a paru, cette fois, très réussie et que tous les échos qui m'en sont parvenus sont très enthou-

Je vous envoie une invitation, ne doutant que vous ne vous intéressiez à cette manifestation qui sera, je l'espère, très importante et très significative, Copeau étant un lecteur de premier ordre et Claudel ayant été jusqu'ici fort malmené par ses rares interprètes.

Annoncez la nouvelle autour de vous à tous ceux qu'elle peut intéresser. Et amenez vos amis, si vous pouvez. Vous nous ferez plaisir. L'entrée est de 2 frs.

Croyez, cher Monsieur, à ma fidèle (3) sympathie.

Jacques Rivière

---

siastes'. (*BAJRAF*, Vol. VII, No. 27, 1982, p. 37).
En janvier 1914 Copeau joue *L'Echange* au Vieux-Colombier. Le 12 il écrit à Rivière: 'Je suis dans l'embêtement jusqu'au cou avec l'Echange'. De sa part Rivière lui écrit le 22: 'Je voulais vous dire que je vous avais trouvé épatant dans Thomas Pollock, très bien, vraiment très bien.

Et puis j'étais chargé pour vous d'une commission de Claudel. Il n'a pas osé vous dire qu'il trouvait le costume de Lechy au dernier acte indécent et qu'il souhaitait beaucoup qu'on l'arrange un peu pour la première.

J'ajoute, mon vieux, que je suis de son avis et que d'ailleurs, au point de vue esthétique, les grandes quilles de ce pauvre échelas font mal à voir' (*Ibid.*, p. 67.).
(3) *vive*: biffé.
Cette lettre, la première depuis cinq mois et dans laquelle Rivière prend l'initiative de se rapprocher de Mauriac, montre peut-être qu'il se sent un peu coupable.

VII

[22 décembre 1912]

Mon cher Rivière

Je ne veux pas que vous puissiez croire à une critique dans ce que je vous ai dit hier soir (1). Je lis vos articles avec une admiration extrême (2). Mais devant ce miraculeux dernier acte de l'*Annonce faite à Marie*, il me semble que vous avez dû comprendre ce qu'est la foi et que sans doute rien n'en est plus éloigné que cette complaisance en soi-même où vous vous attardez et que vous nous décrivez si justement. A lire votre œuvre, comme on sent que deux hommes vous ont pris et se disputent en vous. L'un est le Gide des *Nourritures terrestres* et l'autre, Claudel (3). Vous avez écouté ces deux voix. Mais vous savez que Violaine a raison.

A partir de janvier, nos *Cahiers* (4) vont grossir et des collaborateurs nous

---

(1) La répétition de la pièce de Claudel a lieu le 20 décembre et la première le 21. Mauriac en parle dans le numéro de mars des *Cahiers de l'Amitié de France* (voir note 4) et ajoute une note à son article: 'A ceux de nos lecteurs qui, ignorant l'œuvre de Paul Claudel, souhaitent la connaître, je recommande une lumineuse étude parue au *Mercure de France* (numéros du 15 décembre et du 1 janvier) par Georges Duhamel. Il existe aussi sur Claudel de très belles pages dans *Etudes* (éditions de la Nouvelle Revue française) par Jacques Rivière'.

(2) 'De la sincérité envers soi-même' (*NRF*, janvier 1912) et 'De la foi' (*NRF*, novembre et décembre 1912) dont des comptes rendus paraissent dans les *Cahiers* (décembre 1912; janvier 1913). Bien qu'ils ne soient pas signés ils sont presque certainement de Mauriac et leur ton modifie un peu cette 'admiration extrême'. Dans le premier l'ironie est assez marquée: 'N'étant pas théologien je n'ose féliciter Jacques Rivière d'avoir découvert une preuve singulière et inédite je crois, de l'existence de Dieu'. Dans le deuxième Mauriac considère non seulement la dimension scientifique de l'essai de Rivière ('Je suis un objet d'expérience...') mais l'influence de Gide: 'Quel nom donner à ce mal que M. Rivière nous décrit avec trop de complaisance, sinon celui de narcissisme? Il s'oublie à se contempler. Vice de l'esprit que l'on gagne à trop aimer *les nourritures terrestres* d'André Gide. Il faudrait que de ce redoutable et magnifique livre, un jeune homme ne retient [*sic*] que le suprême conseil: "Jette mon livre; dis-toi bien que ce n'est là *qu'une* des mille postures possibles en face de la vie" '.

(3) Dans une lettre du 7 novembre Claudel félicite Rivière d'avoir trouvé une place parmi les écrivains (y compris lui-même, bien entendu) 'dont le rôle est de refaire une imagination et une sensibilité catholiques, qui se sont desséchées depuis quatre siècles grâce au triomphe de la littérature purement laïque dont nous voyons la suprême corruption' (*Correspondance: Paul Claudel–Jacques Rivière*, Gallimard, Paris, 1984). Un mois plus tard, le 6 décembre, il écrit encore: 'je suis bien tranquille sur votre compte. Vous finirez par vous évader du narcissisme et de l'épicurisme'. Nul doute que Claudel lui aussi vise, très spécifiquement, André Gide!

(4) Fondés au début de l'année *Les Cahiers de l'Amitié de France* font une sorte de suite à

viennent. J'espère que vous continuerez à vous y intéresser. L'an dernier, parmi de nombreux articles fort méchants dont j'avais été honoré, *un seul* m'avait blessé parce qu'on m'avait assuré qu'il était en partie de vous. J'ai su depuis que cela n'était pas vrai, et que Alain-Fournier l'avait écrit (5). Une de mes plus grandes inquiétudes est qu'au lieu d'attirer les âmes, nous ne réussissions qu'à les éloigner. L'article de votre beau-frère, comme beaucoup d'autres, nous montre tels que des jeunes gens comblés de toutes les joies, et à qui leur catholicisme ne sert qu'à 'réussir'. Et cela est faux. Je le sais parce que je connais ce que fut la vie de Lafon (6) et celle de

---

la revue trimestrielle catholique *L'Amitié de France* (1907–1916). Georges Dumesnil, qui dirige *L'Amitié*, accepte la direction nominale des *Cahiers*. Robert Vallery-Radot (voir note 7) en est rédacteur en chef et Mauriac administrateur-gérant. Le premier numéro des *Cahiers* date de janvier 1912; ils disparaissent avec la Guerre. Mauriac, Vallery-Radot et d'autres du groupe de *La Plume politique et littéraire* parlaient d'une nouvelle revue depuis deux ans au moins qu'ils pensaient intituler *La Cathédrale*. Mauriac en particulier semble avoir eu des réserves sur *La Plume*. L'été 1910 il écrit à Vallery-Radot: 'par ses sèches doctrines politiques et sociales, cette revue ne pourra jamais représenter parmi les hommes, des poètes comme nous qui ne voulons chanter que le royaume de Dieu' (*CFM* Vol. 12, 1985, p. 39). En janvier 1911 il exprime son enthousiasme pour le projet des *Cahiers* dans une lettre à sa mère: 'Notre groupe spiritualiste commence à être connu, il semble que l'heure est proche où une revue qui nous représenterait aurait des chances de succès'. Et encore: 'si nous savons nous organiser, d'ici deux ans nous constituerons le seul mouvement littéraire important en France' (10 juin 1911, *Cahiers de l'Herne*, p. 73 et p. 76). Malgré ce que Mauriac a dit à Vallery-Radot 'la Rédaction' dont il fait partie dans le premier numéro des *Cahiers* espère que les abonnés trouveront 'les goûts d'ordre et de clarté [...] et le même zèle pour la défense des vérités éternelles qui avait été exprimés dans *La Plume politique et littéraire*'. De plus, un au plus tard le groupe crée une Société Saint-Augustin dont la constitution est publiée dans le numéro de mars. Les membres de la société 'se proposent de défendre la foi de l'Eglise dans un esprit de pleine obéissance, de combattre les dépravations de la sensibilité et de la pensée et de mettre leur zèle à convertir les âmes et les esprits à la vérité'.
Alain-Fournier a eu peut-être raison ...

(5) Voir Lettre VI, note 1.
(6) André Lafon (1883–1915). Jeune poète (*Poèmes provinciaux* 1908; *La Maison pauvre*, 1911) et romancier bordelais (*L'Elève Gilles*, 1912; *La Maison sur la rive*, 1914). Il fut surveillant et maître d'internat dans une série de collèges à Bordeaux et ailleurs: Collège de Blaye, Lycée de Bordeaux, Lycée Carnot à Paris, Collège Sainte-Croix à Neuilly. Mauriac a fait sa connaissance en 1910 et Lafon s'est joint au 'groupe spiritualiste' autour de Vallery-Radot. Il est mort de la scarlatine le 5 mai 1915. En 1924 Mauriac consacre un essai à son ami – *La Vie et la mort d'un poète* – dont il présente un exemplaire de la quatrième édition à Rivière avec la dédicace: 'à mon cher Jacques Rivière/ce cœur simple qu'il jugera trop simple ... Mauriac'. Presque trente ans plus tard il fait revivre Lafon à travers le personnage de Nicolas Plassac dans *Galigaï* non, d'ailleurs, sans une suggestion d'homosexualité. Dans la préface à l'édition de ce roman publiée en 1956 Mauriac écrit: 'L'Elève Gilles devenu André

Robert V-Radot ... (7) Il se peut que j'aie eu, moi, plus de facilités que d'autres –
mais chaque destinée comporte sa part de douleurs qui échappe aux regards.

Pardonnez-moi, mon cher Rivière, de vous écrire ainsi. Mais le lendemain de
cette grande soirée, une fraternité se crée, il me semble, entre tous ceux qui lèvent les
yeux vers Monsanvierge et aiment Pierre de Craon qui nous enseigne à construire.

Croyez je vous prie à ma sympathie.

François Mauriac.

Lafon vécut un drame, une histoire cruelle dont le récit que j'ai intitulé "Galigaï"
a retenu certains épisodes – mais il va sans dire qu'aucun personnage de ce roman
ne ressemble à ceux qui ont tenu leur partie dans l'histoire. Le vrai est que Nicolas
Plassac, le héros de "Galigaï" m'a été inspiré par lui et que dans le livre, l'amitié
qu'il voue à Gilles rappelle par plus d'un trait celle qui nous unissait durant les cinq
années qui ont compté dans ma vie: 1910–1915'.

(7) Robert Vallery-Radot (1885–1970). Ecrivain (poèmes, romans) et journaliste il a eu
une influence considérable sur le jeune Mauriac; en 1945 il entre dans les ordres et
fait sa profession de foi solennelle en 1953 à Bricquebec. Mauriac le décrit dans *La
Rencontre avec Barrès* comme une 'âme brûlante, esprit visionnaire' et l'évoque au
moment de sa mort dans un bloc-notes du 9 mars 1970. A l'époque de sa participation
à *La Plume politique et littéraire* (voir Lettre I, note 1) et aux *Cahiers de l'Amitié de
France* (voir note 4) Vallery-Radot se vouait à une 'renaissance spiritualiste' dont il
a parlé dans une conférence donnée le 14 janvier 1911 au salon de M. et Mme de
Pomairols que fréquentait Mauriac. C'était certainement surtout lui qui avait des
ambitions pour les *Cahiers*. Déjà il en avait parlé à Eusèbe Brémond d'Ars le 23
janvier 1911: 'Une revue catholique n'existe pas; elle est à créer [...] Il faut qu'à
nous quatre (Mauriac, Lafon, vous et moi) nous donnions à notre mouvement un
essor définitif'. (Voir *La Plume politique et littéraire*, février 1911.)
La famille et la maison des Vallery-Radot semblent souvent avoir été une sorte de
refuge pour Mauriac contre les tentations de la vie parisienne. En plus c'était chez
eux en 1911 qu'il a fait la connaissance de Marianne Chausson, nièce de Vallery-Radot
et fille du compositeur Ernest Chausson. Mauriac en parle dans son journal le 27 [*sic*]
janvier: 'Hier soir je fus chez les Vallery-Radot. Le prétexte officiel de cette soirée
était l'inauguration de leur nouveau salon. En réalité, il s'agissait de nous mettre en
présence, Marianne Chausson et moi – Marianne est la seule jeune fille qui me fasse
rêver mariage. Elle est grande, souple et mystérieuse – mince visage inquiétant et
grave – petite divinité farouche et silencieuse qui m'observait hier soir, avec quelle
ironie!' (*Cahiers de l'Heure*, p. 78). Les 'fiançailles' éventuelles n'ont duré comme
on le sait que quelques jours. Mauriac évoquera tout l'incident sous un jour un peu
différent, mais non peut-être sans un élément de vérité, dans *Maltaverne* (p. 22 et
p. 53). (Pour une sélection des lettres de Mauriac à Vallery-Radot voir *CFM* 1985,
Vol. 12.)

VIII

JACQUES RIVIERE

[*recto*]

présente à François Mauriac ses excuses de ne l'avoir pas plus tôt remercié de l'envoi de son livre

15 Rue Froidevaux

[*verso*]

et l'assure du très grand plaisir avec lequel il vient de lire les premières pages (1). Il le prie d'accepter l'expression de sa sympathie.

---

(1) Rivière fait allusion sans doute au premier roman de Mauriac, *L'Enfant chargé de chaînes* publié en mai chez Grasset. Mauriac le dédicace: 'à Jacques Rivière/ avec ma grande admiration et ma sympathie/F. Mauriac'.
Il semble qu'il n'y ait plus de lettres avant octobre 1922. Cependant dans son agenda pour 1914 Rivière note à plusieurs reprises: 'ecr. Fr. Mauriac' (le 7 juin; le 5, 10, 20 juillet). Est-ce pour le remercier d'un exemplaire du deuxième roman de Mauriac, *La Robe prétexte*, publié en juin 1914? Il n'y aura plus de références avant le 27 janvier 1922 (voir Lettre IX, note 1).

IX

EDITIONS DE LA NOUVELLE REVUE FRANÇAISE
3, rue de Grenelle
PARIS – VIᵉ ARR.

Paris le 17 Oct. 22 (1)

Mon cher Mauriac,

---

(1) Avec la guerre Mauriac et Rivière suivent des chemins différents. Mauriac exempté du service militaire s'engage dans la Croix-Rouge. Il est envoyé en décembre 1916 à Salonique où il est atteint de paludisme et rapatrié vers la fin de mars 1917. Rivière qui s'engage est fait prisonnier à Eton en Lorraine le 24 août 1914. En 1917, malade, il est transféré en Suisse et rapatrié le 16 juillet 1918. Après la guerre il n'y a aucun doute que pour Mauriac, comme pour tant d'autres, la *NRF* dont Rivière est directeur depuis mars 1919, représente la possibilité de nouvelles perspectives dans le monde des lettres d'où il ne veut pas se voir exclu. D'Argelès il écrit le 5 juin 1919 à Jacques-Emile Blanche: 'ce qui m'intéresserait plus qu'aucune nouvelle syndicaliste, ce serait vos on-dit touchant Gide, Rivière ou quelque autre de ces précieuses âmes de vos environs' (*Correspondance: François Mauriac–Jacques-Emile Blanche*, Grasset, Paris, 1976, p. 76).
Malgré cette absence de lettres et de références à des rendez-vous ou à des coups de téléphone dans les carnets des deux hommes il est possible qu'ils se soient rencontrés de temps en temps. En 1920 Mauriac lui a envoyé un exemplaire de *La Chair et le sang*, son troisième roman, dédicacé: 'A Jacques Rivière/très particulier hommage/F. Mauriac'. Nous ne connaissons pas la réponse de Rivière mais nous savons qu'en juillet de l'année suivante Mauriac se plaint auprès de Proust du fait que *Préséances* ne fait pas l'objet d'un compte rendu dans la *NRF*. La réponse de ce dernier fait réfléchir même si elle est un peu ironique: 'Voulez-vous que je m'occupe dès que votre adversaire Jacques Rivière sera revenu de vacances qu'on en fasse un dans la *NRF*?' (*Du côté de chez Proust, OC* IV, p. 280). En effet Thibaudet le fait brièvement et sans beaucoup d'enthousiasme en septembre.
Le 29 novembre de la même année Rivière conseille à Marcel Jouhandeau d'envoyer 'une des nouvelles ou un des morceaux de vous dont vous êtes le plus content à Mauriac, mais signé d'un pseudonyme' (*BAJRAF*, Vol. V, No. 17, 1979). Le 27 janvier 1922 Rivière note dans son agenda: '8$^{\mathrm{h}}\frac{1}{4}$ Mauriac'. Est-ce qu'il commence à voir Mauriac sous un jour nouveau depuis sa défense de Gide contre les attaques de Massis dans *L'Université de Paris*, le 15 novembre 1921? (Voir Lettre XIII, note 5.) D'après son agenda il rend visite à Mauriac rue de la Pompe le 20 mai 1922 peut-être pour la première fois et y dîne le 28 octobre. Quelques jours plus tard, le 11 novembre, Mauriac écrit à Gide qu'il 'retrouve un Rivière pareil à l'adolescent entrevu – c'est un diamant que la vie n'a pas rayé' (*Lettres d'une vie* (1904–1969), Correspondance recueillie et présentée par Caroline Mauriac, Grasset, Paris, 1981, p. 121). D'après les carnets de Madame Mauriac qui datent de cette époque son mari prend le goûter chez Rivière le 15 novembre avec Gide, Martin du Gard, Thibaudet et Crémieux.

J'ai lu votre roman (2) avec un profond intérêt et je le prends naturellement, et avec reconnaissance, pour la revue.

Si je vous avais écrit hier à cette heure-ci, avant d'avoir lu les deux derniers chapitres (Versailles et Louvres), ma lettre eût été pleine d'un enthousiasme sans mélange. Je trouve votre sujet très beau et vraiment poignante la façon dont vous l'abordez. Il y a dans tout ce début une misère et une angoisse presque enivrantes. Et la façon dont vous ménagez la curiosité du lecteur est aussi tout à fait remarquable.

Mais je suis déçu par un dénouement à mon avis beaucoup trop brusque et facile du drame que vous avez si habilement noué. Il fallait nous montrer plus longuement Gisèle entre les deux autorités qui la sollicitent. Son triomphe sur ses instincts est beaucoup trop rapide pour être explicable (surtout étant donné que la Villeron n'est pas près d'elle) et pour inspirer confiance. De même on ne comprend pas bien l'espèce de trouble et d'incertitude où tombe tout à coup Lucile de Villeron. Il y a là deux "changements à vue" qui ne satisfont pas assez à la vraisemblance.

La façon dont Lucile intimide Daniel est aussi bien obscure et reste problématique. Le renoncement de Daniel aurait besoin d'être motivé par quelque chose de plus tangible, par une impossibilité mieux reconnue, ou par une sensation plus profonde de sacrilège.

Tout ces regrets, mon cher ami, je ne vous les exprime si franchement, si brutalement que parce que le livre me trouble et m'émeut considérablement. Son atmosphère, qui va révolter bien des gens, m'est, à moi, extrêmement sympathique (3).

Vous verrez dans le prochain n° de la *NRF* une note au sujet de la querelle qu'on cherche à Barrès. J'y exprime, sur le catholicisme, des idées qui sont, me semble-t-il, tout à fait voisines des vôtres (4).

Soyez tranquille: c'est vous qui avez raison, parce que vous ressentez vraiment

---

(2) *Le Fleuve de feu* qui sortira chez Grasset en 1923. Rivière l'accepte pour la *NRF* où il paraît en décembre 1922, février et mars 1923 le numéro de janvier étant consacré à Proust qui est mort le 18 novembre. D'après ce qu'il dira plus tard dans *La Rencontre avec Barrès* (*OC* IV, p. 202) l'acceptation de son roman était pour Mauriac un événement de la première importance: 'C'etait *La Nouvelle Revue Française* d'André Gide surtout [...] Il me fallut donc douze ans [...] pour rejoindre enfin ce groupe littéraire avec lequel je me sentais le mieux accordé'.

(3) Voir Lettre XIII, note 1.

(4) 'Maurice Barrès et la critique catholique' (*NRF*, novembre). Avec cet article Rivière participe à un débat qu'on verra se développer au cours des années suivantes et qui le mettra, aussi bien que Gide, en conflit direct avec Massis. (Voir Lettre XIII, note 4.)

votre foi, au lieu d'en disserter.

Je vous serre amicalement les mains.

Jacques Rivière

X

[carte: 29 ou 30 novembre 1922]

89 rue de la Pompe

Cher ami

Voulez-vous goûter à la maison, Samedi prochain? (1) Nous ne serons que quelques amis – et nous serions très heureux si Madame Rivière voulait bien vous accompagner –

Veuillez-lui faire agréer mes hommages respectueux et croire à mes sentiments dévoués (2).

F. Mauriac

---

(1) Mme Mauriac note dans son carnet pour le 2 décembre: 'goûter maison: les Jacques Rivière, les Pierre de Lescure, Montherlant, Du Bos.'

(2) Les Mauriac avaient emménagé la rue de la Pompe le 9 novembre 1913 où ils sont restés jusqu'à la fin de 1930. Là ils aimaient recevoir et donner des réunions qu'ils appelaient balcon-parties: 'nous aimions, par les beaux soirs d'été, inviter nos amis à ce que nous appelions des "balcons-parties": j'ai gardé des photographies de ces "fêtes", où l'on reconnaît Morand, Maurois, les Tharaud, Lacretelle, les Bourdet, les Pourtalès, les Vaudoyer et tant d'autres... Il me semble qu'à cette époque, nous souffrions du mal de ne pouvoir nous séparer: après un goûter, incapables de rompre la chaîne, nous nous retrouvions au restaurant ou dans des auberges de la banlieue pour ce que j'appelais des dîners grégaires. On ne finissait pas d'établir un menu, ni de partager l'addition. Tout le monde était collant: on s'agglutinait' (*Cahiers de l'Herne*, p. 134).

XI

Mon cher ami,

Que vous êtes gentil et que votre carte me fait du bien! Figurez-vous qu'en raccrochant l'appareil hier, j'ai senti brusquement tout ce que ma conduite avec vous, dans cette question de la publication en Janvier (1) de votre roman, avait eu non seulement d'odieux, mais encore de ridicule. J'ai été d'une indécision absurde. Mais c'est une maladie chez moi, qui dans l'ensemble commence à me quitter (2), mais dont j'éprouve encore de temps en temps des accès, Excusez-moi, je vous en prie!

Ne pensez pas surtout que ce que je vous ai dit des éloges que j'ai entendus du début de votre roman ait été exagéré. Tous ceux de nos amis qui étaient hier chez moi se sont accordés pour le trouver *passionnant,* - et d'un pathétique plus neuf encore et plus profond que celui du *Baiser au Lépreux.*

Je suis très touché de l'opinion de Madame Mauriac sur *Aimée.* Veuillez l'en

---

(1) A cause du numéro special de la *NRF* qui sera consacré en janvier à Proust, Rivière est obligé d'interrompre la publication du *Fleuve de feu.* Mauriac lui-même écrit un hommage à Proust pour *La Revue hebdomadaire* (2 décembre). Par l'intermédiaire de François le Grix, Rivière prend cet article pour la *NRF.* Il se trouve tout à la fin de la revue mais précédé d'une note assez conciliatrice de Rivière: 'Bien que la place nous manque pour faire des extraits des nombreux articles, dont nous avons mentionné ci-dessus les titres, nous tenons à détacher de celui que notre collaborateur François Mauriac a publié dans *La Revue hebdomadaire* les passages suivants'. Le texte entier est reproduit. Dans son agenda Rivière note: 'Décis[ion] pour Mauriac' (4 décembre) et 'Ecr. Mauriac' (7 décembre). La biffure (normale dans ses agendas) suggère que Rivière lui a écrit, donc cette lettre est du même jour. Mais dans ce cas il est curieux qu'il ne parle pas des deux pages de l'hommage à Proust. De plus, si Madame Mauriac parlait avec approbation d'*Aimée* au goûter du 2 décembre il est également curieux que Rivière ne l'ait pas remerciée lui-même. Il semble plutôt probable que cette lettre soit du 30 novembre et que ou Rivière n'écrive pas le 7 décembre ou que la lettre nous manque.

(2) Est-il possible que ceci soit une allusion aux débuts de son amitié amoureuse avec Antoinette Morin-Pons à qui il écrira pour la première fois le 27 janvier 1923. Cependant il faut la situer dans le contexte de son intérêt croissant pour la psychanalyse qui s'exprimera à partir de janvier notamment dans ses conférences au Vieux-Colombier (voir Lettre XII, note 3) et ailleurs. Depuis le 24 novembre 1921 Rivière assiste aux séances psychanalytiques d'Eugenia Sockolnycka 3 rue l'Abbé Grégoire. D'après plusieurs entrées dans son agenda il semble que Rivière prend assez souvent l'occasion de lui parler de ces conférences.

remercier de ma part.

Je vous serre les mains avec beaucoup d'amitié.

Jacques Rivière

Je vous écris très mal, mais je suis très fatigué.

XII

[28 janvier 1923] (1)
[carte]
[*recto*]
89, RUE DE LA POMPE
PASSY 40-42

Cher ami

Resongeant à notre conversation d'hier soir, je me demande si un homme résolu de n'appliquer plus aux choses de l'amour que les règles de sa raison et de le dépouiller de toute métaphysique n'aboutirait pas par ce chemin à une conception chrétienne de l'amour. Il y a dans le désir, dans cette faim terrible, dans cet appétit démesuré de quoi déconcerter la raison et vous vous rappelez le mot de Chesterton: "*lorsque nous trouvons quelque chose de singulier dans le christianisme, c'est finalement qu'il y a quelque chose de singulier dans la Réalité...*" (2) Sur le plan du Réel vous vous heurterez à cette "singularité" de la chair et l'attitude chrétienne devant [*verso*] l'amour n'apparaît plus si déraisonnable. Votre Freud (3) sépare avec raison l'instinct sexuel de l'instinct de reproduction. Aussi l'Eglise a

---

(1) Caroline Mauriac (*Lettres d'une vie*, p. 121) date cette lettre du 28 janvier. Le 27 les Rivière avaient dîné chez les Mauriac avec Raymonde Heudebert, Molinier, le Grix et Drieu la Rochelle. (Carnets Madame Mauriac.)

(2) Mauriac connaît la traduction qu'a faite Claudel du chapitre six du livre de Chesterton, *Orthodoxy* et qui a été publiée dans la *NRF* en août 1910. Le dernier mot de cette citation devrait être *vérité*. Mauriac fera la même erreur en reproduisant le passage dans son essai *Le Jeune Homme* (1926).

(3) Rivière a passé la semaine du 2 au 9 janvier à Genève où il a continué à préparer les quatre conférences sur Freud et Proust qu'il prononcera au Vieux-Colombier les 10, 17, 24 et 31 janvier; elles seront répétées à Genève en mars et publiées dans *Les Cahiers de l'Occident* (tome IV, 1926) avec le titre: 'Quelques progrès dans l'étude du cœur humain (Freud et Proust)'. Pour un examen de l'évolution de l'attitude de Rivière envers Freud et la pensée pschanalytique voir l'article de David Steel 'Jacques Rivière et la pensée psychanalytique, *Revue d'histoire littéraire de la France*, 87, 1987, pp. 901–915.

Dans une lettre à tante "Toutou" à Bordeaux (16 janvier 1923) Isabelle Rivière écrit: 'J. est tellement occupé de ses conférences qu'il n'a pas une minute pour vous écrire depuis son retour [...] Il a fallu qu'il travaille comme un forcené pour achever à temps celle de vendredi. Celle pour demain est prête depuis ce matin et il lui reste encore la dernière à écrire en entier pour vendredi. [...] Ses deux premières conférences ont eu beaucoup de succès, la salle de théâtre, sans être pleine, était très suffisamment garnie et les auditeurs ont été enthousiasmés.' (Archives Alain Rivière.)

L'attitude de Mauriac envers les théories de Freud restait toujours ambiguë et il prétendait qu'il n'avait lu Freud qu'après avoir écrit la plupart de ses romans. Sur

développé par cette séparation fondamentale la vie mystique... Mais tout ceci serait trop long à développer... Je vous serre affectueusement les mains

FM

---

ce sujet voir l'excellent article de Paul Croc, 'Mauriac et Freud', *Cahiers de l'Herne*, pp. 219–31.
Pour une présentation des écrits de Rivière sur Proust voir les *Cahiers Marcel Proust*, No. 13, Gallimard, Paris, 1985: 'Quelques progrès dans le cœur humain par Jacques Rivière', textes établis et présentés par Thierry Laget.

XIII

Paris, le 16 Février [1923]

Mon cher ami,

Je viens de relire en épreuves la fin de votre *Fleuve de feu*. Je retire toutes les critiques que je vous avais faites à son sujet. C'est très bien ainsi. Et j'en ai une preuve plus forte que celle qu'aucun raisonnement pourrait me fournir: c'est l'émotion où je suis.

La première fois, j'avais été retenu et gêné par un autre sujet, en somme, que celui que vous avez voulu traiter et qui s'était substitué à lui dans mon esprit: ce sujet était tout humain: c'était Gisèle disputée par Daniel Trasis et Mme de Villeron. Ce combat de deux êtres autour d'une âme, et pour cette âme vous l'avez esquissé, mais vous avez refusé vous-même de le porter à son comble, à son intensité maxima, puisque vous attribuez à l'homme cette nostalgie de la pureté qui le fait d'avance vaincu, puisque d'autre part vous montrez Lucile traversée d'un doute et d'un engourdissement qui diminue sa volonté, son activité, son influence. (1)

---

(1) Voici une répouse qui diffère considérablement de celle d'octobre 1922 (voir Lettre IX). A ce moment-là bien qu'il trouve l'atmosphère du roman 'extrêmement sympathique' Rivière considère son 'dénouement [...] [comme] beaucoup trop brusque et facile'; il se dit en plus incapable de comprendre 'l'espèce de trouble et d'incertitude où tombe tout à coup Lucile de Villeron' et aurait préféré dans le renoncement de Daniel 'quelque chose de plus tangible'. Il est à noter aussi qu'il n'appelle pas la Grâce par son nom et, à une époque où il se plonge de plus en plus dans la psychanalyse, ne semble pas s'apercevoir de la dimension lesbienne dans l'attitude de Lucile. Quatre mois plus tard ces critiques ont disparu. Il parle ouvertement du rôle de la Grâce, accepte 'la nostalgie de la pureté' et, chose curieuse, admet qu''à la première lecture, je n'ai pas *voulu* comprendre votre roman, comprendre son sujet'. Dans son compte rendu du roman (*NRF*, juillet) Rivière reviendra à sa critique d'octobre 1922 bien qu'elle soit maintenant un peu modérée: 'l'évolution de Gisèle [...] même en la supposant aidée par la Grâce, reste très artificielle et peu vraisemblable'. En plus Rivière trouve un développement insuffisant dans les sentiments de tous les personnages. Malgré la force de ses observations pourtant il voit dans *Le Fleuve de feu* une contribution significative à l'exploration dans le roman de la psychologie et des 'véritables profondeurs d'une âme'.
Les raisons diverses pour ces changements de position ne sont pas faciles à découvrir. Premièrement il est presque certain que la situation personnelle de Rivière n'y est pas pour rien. Non seulement y a-t-il le début de son amitié amoureuse avec Antoinette Morin-Pons ('ce combat de deux êtres autour d'une âme et pour cette âme') et son intérêt pour Freud et la psychanalyse mais aussi *Florence* qu'il a 'en tête'. Dans ce roman justement inachevé Pierre est constamment en proie à une lutte entre la passion et la foi. Deuxièmement il se peut aussi que Rivière retire ou modifie sa critique dans cette lettre de février parce qu'il essaie d'encourager et même de flatter Mauriac après l'interruption de la publication du *Fleuve de feu* en janvier. Troisièmement selon une

Oui, le drame tel que vous l'avez conçu est proprement religieux, et vous êtes
arrivé à lui donner dans ce plan une réalité admirable. Massis a peut-être raison! (2)

---

hypothèse très persuasive de David Steel (*art. cit.*) Rivière introduit exprès Mauriac
et son roman dans le débat autour de Freud pour d'atténuer l'attaque contre la *NRF*
montée par certains catholiques et en particulier par Henri Massis. (Voir note 2.)
A cette lettre la réponse de Mauriac (voir Lettre XIV) qui se croit sollicité par Rivière
est immédiate et chaleureuse. Après la publication du compte rendu du roman la
correspondance ne se reprendra qu'en septembre.

(2) Du début de 1923 jusqu'à la fin de l'année suivante une dispute entre Massis et Rivière
se développe à laquelle Mauriac participe. D'une certaine façon les origines de cette
dispute se trouvent beaucoup plus loin dans le débat concernant Maurras et la question de la discipline qui date d'avant la guerre (voir Lettre VI, note 1); elle est aussi
une extension sur un plan plus élevé, plus intellectuel et plus personnel de l'attaque
montée contre la *NRF* par Henri Béraud (voir Lettre XVII, note 4). Le 1ᵉʳ février
Massis publie dans *La Revue universelle* un article, 'Le Cas de M. Jacques Rivière'
dans lequel il l'accuse et d'avoir accepté une formation trop livresque et d'être 'trop
attaché' à Gide. Il se réfère aux essais de Rivière et tout en adoptant ironiquement
un langage où perce celui de la psychanalyse prétend discerner chez lui des 'besoins
religieux, refoulés, comprimés, qui ne demandent qu'à rejaillir. Il appelle la foi, la
redoute, mais elle le tient par en dessous, elle occupe tous les points stratégiques de
son âme'. Blessé, Rivière lui écrit le 9 avril: 'je suis surtout étonné - c'est le sentiment
qui me domine – de l'espèce d'esclavage où vous me supposez à l'égard de Gide. [...]
Je vous assure que si je nourris à l'égard de Gide des sentiments de vive amitié, je
n'en nourris aucun d'obéissance.
Je ne nie pas que j'éprouve un profond besoin religieux; mais c'est bien ma
pensée toute seule qui me montre qu'il ne peut être satisfait. Gide est beaucoup plus
croyant que moi; je veux dire que la forme de son intelligence lui apporterait bien
moins d'entraves, s'il s'engageait sur le chemin de la foi.
Autre chose. Vous affirmez que je n'ai rien eu dans ma vie que des émotions
livresques, qu'il ne m'est rien arrivé d'autre que Claudel, Gide, Proust etc. Vous
vous trompez complètement. Ma vie est pleine d'expériences très précises les unes
précieuses, d'autres plus cruelles... Je peux même dire qu'à l'heure actuelle les livres
n'alimentent pas ma pensée dans la proportion de 10% par rapport à la vie'. (Encore
une allusion peut-être à Antoinette Morin-Pons.) (Archives Alain Rivière.)
Dans une réponse non datée Massis continue à exprimer son regret et sa tristesse,
ajoutant le nom de Claudel: 'que j'aimerais vous voir loin de ces mauvais artistes.
Claudel forme, je le sais, le même vœu'. (Archives Alain Rivière.)
Six mois plus tard la dispute se revivifie d'une façon publique. Massis se joint à
Jacques Maritain dans une des célèbres interviews avec Frédéric Lefèvre. (*Les Nouvelles littéraires*, 13 octobre 1923.) Tous les deux ils attaquent 'l'individualisme' et 'le
subjectivisme philosophique' de la jeune littérature: 'Pour M. Jacques Rivière et les
néo-proustiens – car le cas de Proust est à part – il semble n'y avoir d'événements
qu'intérieurs, de réalités que psychologiques; le moi, voilà l'unique objet, la seule
réalité connaissable'. Pour le Thomiste Maritain ce qu'il faut c'est 'une restauration
métaphysique. Une doctrine ferme [...] pour intégrer les matériaux accumulés par
les modernes'. A son tour Rivière prend l'occasion de s'exprimer dans les colonnes

il y a peut-être en moi un être religieux refoulé (mais pas par Gide, par ma seule volonté,) (ou plutôt par ma seule réflexion, ce qui est bien plus grave). C'est ce qui a fait qu'en somme, à la première lecture, je n'ai pas *voulu* comprendre votre roman, comprendre son sujet. Les forces que vous mettez en scène, la Grâce, pour la nommer franchement par son nom, j'y ai cru spontanément longtemps puis (c'est la guerre qui a produit cela en moi, je me suis senti trop délaissé) j'ai décidé de les considérer comme non-avenues, de ne plus les reconnaître. Je sais que ce que je dis-là est atroce et dépasse en impiété l'athéisme naturel; mais chez moi, quand l'esprit est trompé, je veux dire quand ce qu'il avait cru vrai semble se dérober, il naît à la place une rancune formidable, affreuse et qui le pousse à l'extrême scepticisme.

Quoi qu'il en soit, mes premières résistances à votre dénouement avaient évidemment leur origine dans cette volonté de ne pas croire à la Grâce. Elles tombent maintenant que l'évidence me force à voir ce que vous avez voulu faire, ce que vous avez fait.

Mon cher Mauriac, il est possible que vous apparaissiez à certains catholiques comme un être pervers et un mauvais génie. A moi, pour le moment, vous me server de bon conseiller, vous me rappelez l'existence de ma meilleure conscience

---

du journal (le 1 décembre). Encore une fois il se défend d'être le 'disciple intégral' de Gide: 'je suis d'éducation et de tempérament catholiques et ne partage nullement les préoccupations morales de Gide'. Et contre l'accusation d'individualisme: 'nous nous tournons vers le moi, parce qu'il est ce que nous pouvons saisir d'abord de la réalité, parce que c'est en lui que nous rencontrons d'abord, pesante, complexe, résistante, et pourtant pénétrable, cette réalité'. Massis, dit-il se montre incapable ou, ce qui est pire, peu disposé à considérer ce point de vue.
En janvier 1924 dans un essai 'La Crise du concept de littérature' qu'il publie dans la *NRF*, Rivière impute à 'certains écrivains' de partager 'l'idée de l'écrivain comme prêtre' et de vouloir 'subordonner l'opération littéraire à des fins transcendentes'. Le débat se prolonge autour du deuxième roman de Raymond Radiguet, *Le Diable au corps* dont quelques pages paraissent dans la *NRF* en juin. (Voir Lettre XXI, note 2). Le 15 août dans *La Revue universelle* Massis loue ce livre pour sa simplicité, sa clarté intellectuelle et son élégance, et félicite l'auteur de ne pas être 'tombé dans les pièges de l'immoralisme et du "psychologisme" à la mode parmi les garçons de son âge ...'. De sa part Rivière répond dans une 'Lettre ouverte à Henri Massis sur les bons et les mauvais sentiments', (*NRF*, octobre). La même protestation se fait entendre encore une fois mais marquée d'un ton plutôt las qu'irrité devant l'incompréhension de Massis: 'Pourquoi tourmentez-vous mes pauvres phrases pour leur faire exprimer à toutes indistinctement la même préoccupation, le même morne souci d'immoralisme?' Pour Rivière la conception que partage Massis du rôle et de la responsabilité de l'écrivain reste simpliste: 'Au fond vous êtes encore hanté, Massis, par cette distinction dont s'effraient et s'enchantent les collégiens, entre les bons et les mauvais livres. Vous croyez qu'un romancier doit choisir entre la peinture du bien et celle du mal'. (Voir aussi note 4 et Lettre XVII, note 4.)

qu'évidemment j'ai fait de grands efforts pour oublier, que la vie aussi – il faut dire, à ma décharge –a beaucoup travaillé à étouffer en moi.

Le livre que j'ai en tête en ce moment (3), et où il n'y aura pas une ligne indécente ni blasphématoire, est plus terrible que tous les *Immoralistes* du monde …Si j'arrive à ne pas l'écrire, ce que je souhaite à certains égards profondément, c'est à vous que je le devrai, à votre exemple, à la démonstration que vous me fournissez, sous la seule forme où elle puisse maintenant me frapper, de toutes les ressources, de toute la profondeur qu'il y a dans une conception chrétienne du monde et de la vie. Je vous serre les mains.

Jacques Rivière

P.-S. – Je connais une Gisèle de Plailly – sans la Grâce – mais bien émouvante aussi (4). C'est pourquoi votre livre m'a touché si fort tout de suite. Tout de même, ce que les femmes sont intéressantes! Votre défense de Gide était admirable (5). Mais, entre nous, il est bien difficile de défendre comme écrivain, comme romancier,

---

(3) *Florence* ne sera publié que par les soins d'Isabelle Rivière en 1935.

(4) Référence sans doute à A. Morin-Pons, mais peut-être aussi à Maggie H. (Voir Introduction, note 10.)

(5) A l'occasion de la publication des *Morceaux choisis* de Gide en 1921 Massis écrit un article pour *La Revue universelle* (15 novembre), 'L'Influence de M. André Gide', dans lequel il dénonce cette 'âme affreusement lucide dont tout l'art s'applique à corrompre'. Mauriac donne une réponse dans *L'Université de Paris* (25 décembre): 'A propos d'André Gide, Réponse à M. Massis'. Bien qu'il reconnaisse que Gide reste en dehors du catholicisme Mauriac admire sa 'sincérité terrible' et surtout son refus de 'succès faciles' et d'asservissement à toute 'fin morale'. Gide le remercie dans une lettre du 29 décembre, faisant en même temps une allusion aux attaques de Béraud (voir Lettre XVII, note 4). Les accusations de Massis se poursuivent et font partie comme nous l'avons vu (note 2) de sa campagne contre Rivière et la *NRF*. L'année suivante, le 24 juin, Mauriac publie une critique de la pièce de Gide, *Saül*, dans la *La Revue hebdomadaire*. Cette fois sur le plan religieux Mauriac est plus sévère, mais il parle quand même d'un ton approbateur du style de Gide: 'La science du plus pur écrivain de ce temps, cette science qu'il a de gonfler de poison une phrase musicale, nous terrifie et par là nous sauve'. Mauriac continuera à participer au débat auteur de Gide.

Dans son étude sur Lafon (voir Lettre VII, note 5) il examine encore une fois l'influence dangereuse qu'exerce Gide sur la génération désillusionnée des écrivains de l'après-guerre. Le débat prendra un ton plus personnel comme on le sait avec la publication de la lettre ouverte de Gide dans la *NRF* (juin 1928) dans laquelle il accuse Mauriac de s'accorder 'ce compromis rassurant qui permette d'aimer Dieu sans perdre de vue Mammon'. *Dieu et Mammon* (1929) sera la réponse de Mauriac.

Pour un examen détaillé des relations publiques et personnelles de Mauriac et Gide, voir en particulier leur correspondance présentée et annotée par Jacqueline Morton (Cahiers André Gide, No 2, 1971).

quelqu'un qui n'aime pas les femmes. Gide ne sera jamais grand, faute de cet amour. Ne croyez-vous pas?

Si vous y consentez, c'est moi qui écrirai la note sur votre roman quand il aura paru.

XIV

Dimanche

Mon cher ami

Je ne répondrai pas longuement à votre lettre: elle m'a trop ému et j'y voudrais réfléchir – et pourtant je ne veux pas la laisser plus d'un jour sans réponse. Ce qu'il y a de terrible dans nos rapports avec Dieu, c'est notre solitude. Entre les mains de qui pourrions-nous faire la "renonciation totale et douce"? (1) Sans doute existe-t-il encore des directeurs; – mais nous ne sommes plus d'une race de dirigés; nous connaissons trop de retraites en nous, où même avec notre assentiment, il n'est donné à personne de pénétrer. Nous sommes seuls devant Dieu; d'où ces malentendus terribles (2) comme celui qui vous a éloigné de Son amour.

Mais je suis désespéré que ce soit de moi que vous attendiez la lumière. Je suis si pauvre, si vous saviez! Ma foi n'est peut-être faite que d'une défense éperdue contre moi-même. Je prie Dieu qu'il vous épargne ce désir désolé et d'une incalculable puissance et capable de tout rompre. Mais si vous êtes mon frère, la conversion risque d'être pour vous, dès ici-bas, une question de vie ou de mort. Ne voyez-vous pas autour de vous que le péché tue, et qu'il est mortel, à la lettre? (3)

Avant de renoncer tout à fait au sujet qui vous hante, n'y aurait-il pas moyen de le transformer en y introduisant précisément la Grâce? Si l'on admet la Grâce, il n'est pas de pire drame où elle ne puisse intervenir. La Grâce est un témoin actif. – Mais nous recauserons de cela.

Vous connaissez Gide mieux que moi. Je crois que sa secrète faiblesse est moins manque d'amour pour les femmes que manque de curiosité – car, étant femme lui-même (peut-être!), *il pourrait les mieux connaître qu'un homme normal.* L'impuissance créatrice des homosexuels doit donc avoir une source plus profonde et quasi physiologique. Car par transposition ils peuvent contrôler en eux-mêmes les réactions des deux sexes. – Mais ils sont justement incapables de se fixer sur l'objet de leur mépris et de leur dégôut.....

---

(1) Pascal, *Le Mémorial.*
(2) Mauriac fait probablement allusion encore une fois à l'intérêt que manifeste Rivière pour la psychanalyse de Freud.
(3) La réponse de Mauriac est vibrante mais contient des tons sombres que nous trouvons dans *Le Journal d'un homme de trente ans* à cette époque et plus tard dans *Le Jeune Homme.*

Cher ami, j'ai hâte de vous voir, de causer avec vous. – Croyez à mon affection. Je trouverais, peut-être, en moi de quoi vous aider si vous vouliez. Je vous disais tout à l'heure que nous sommes seuls, devant Dieu.... apparente solitude. Il y a Quelqu'un, tout de même – Et où serais-je sans lui?

Votre

FM

Grand bonheur pour moi que vous vouliez bien écrire cet article (4).

---

(4) Le compte rendu du *Fleuve de feu*.

XV

[28 mars 1923]

GRAND HOTEL O'CONNOR
RUE COTTA, 35–37
NICE
TELEPHONE 31-61   Mercredi Saint

Mon cher ami,

Ne pensez-vous pas que le subtil Du Bos parlerait mieux que moi de ce Maître vénéré? Je vais tout vous dire. Il me semble que je serais capable d'écrire sur lui une bonne étude dans le genre féroce – Mais mon devoir et mon intérêt s'accordent pour une fois à m'en détourner. Je retiens d'avance, si vous voulez bien, son article nécrologique... (1)

Cher ami, je vous écris ces choses afin que vous me méprisiez: il y a en moi en effet de ces calculs – et pourtant (comment expliquer cela?) joints à une indifférence secrète et désolée, à un détachement total. Mais les règles du jeu s'imposent à moi, comme si, engagé malgré moi dans une partie, il fallait bon gré mal gré éviter les fautes.

---

(1) Rivière avait demandé à Mauriac un article sur Paul Bourget qu'il voulait situer peut-être dans le début autour de Freud. La réponse de Mauriac est ironique et même un peu cynique. Est-elle dictée par le fait qu'il ne voulait pas se dissocier complètement de ceux pour qui le modèle démodé du roman psychologique était un objet de dérision? Mais n'oublions pas que c'était grâce à Bourget que Barrès avait fait la découverte des *Mains jointes*: 'C'est chez Bourget qu'il a vu mon livre. Il veut faire pour moi ce que Bourget a fait pour lui' (*La Rencontre avec Barrès*, OC IV, pp. 184, 5). Il n'est pas sans intérêt non plus de noter que Massis était un grand admirateur de Bourget: 'ce grand travailleur robustement doué et actif' ('Une enquête sur la jeune littérature', *La Revue universelle*, Vol. VI, no. 7, juillet 1921, p. 97). Voir aussi *ibid.*, Vol. XI, no. 14, octobre 1922 et *La Revue hebdomadaire*, septembre-octobre, 1922. Charles du Bos (1882-1939). Ecrivain et critique et l'un des animateurs principaux des colloques de Pontigny. Il s'intéressait surtout aux problèmes moraux, psychologiques et spirituels et il se convertit en 1927. Sa pensée s'exprime dans les sept volumes d'*Approximations* et dans son journal publié après sa mort. En 1933 il écrit une étude sur Mauriac et *Le Nœud de vipères* intitulée *François Mauriac et le problème du romancier catholique*. C'est grâce à lui que Mauriac fait la connaissance de l'Abbé Altermann en novembre 1928. En 1930 Mauriac fonde avec Du Bos *Vigile*, une revue qui 'n'a pas de programme – sinon d'offrir à quelques écrivains catholiques tant étrangers que français le lieu de rencontre où ils puissent collaborer en parfaite communauté de foi, selon le mode d'expression propre à chacun d'eux.' (Premier Cahier, 1930.) Pour Gide *Virgile* sera un 'monument d'ennui'. (Cité par Lacouture, p. 251.)

Ici, dans la situation de Daniel Trasis, (avant l'arrivée de Gisèle!) (mais Gisèle peut toujours survenir...) – seul, je sens douloureusement combien de royaumes nous ignorent, et j'erre entouré des fantômes encore flottants de mon prochain livre (2). Entre temps, je surveille de près un ami qui songe à se tuer (3). Personne ne fait attention à personne. Mais nous qui, par profession, faisons attention à tous les êtres rencontrés, nous finissons par passer notre vie à les retenir au bord du désespoir. Et pourtant on a bien assez de son propre poids. Et c'est une étrange manie de se charger encore et de raccrocher toutes les douleurs. Cher ami pendant votre absence (4), j'ai beaucoup pensé à vous et à votre sujet de roman – sans curiosité basse, mais avec affection et inquiétude. Le besoin de parler de vous m'a poussé à me rapprocher de Massis, avec qui, un soir, j'ai dîné. Etrange type à propos de qui on a raison de penser, de croire le mieux et le pire. Très sincère, très catholique, c'est certain; – mais très dévoré aussi d'ambition et capable de haine. Vous, il ne vous hait pas, bien loin de là!

Je serai à Paris le lundi de *Quasimodo – Nous reparlerons de Bourget*, en attendant voulez-vous me mettre un ou deux livres de côté pour 'notes'? Jusqu'à la publication de mon livre (5) (au début de mai; pensez à la note promise) j'aimerais avoir du travail... (6)

Ici soleil adorable, musiques faciles; vie de retraite pourtant, de méditation, de silence. Savez-vous ce qu'est la gloire? J'ai fait ici la connaissance de Suzanne Lenglen (championne de tennis) (7). Elle me dit: quand j'entre dans le hall de l'hôtel, *tous les anglais se lèvent*! – Je réponds: C'est un grand peuple... Un grand peuple de... mais la fin de la phrase, je la dis à voix basse.

Adieu. C'est une grande complication pour un chrétien d'être à Nice pendant les jours saints. Une complication apparente: il y a ici assez de "Maxims", de vieilles cocottes et d'automobiles pour vous donner le goût de l'Eternité. Toute la crapule du monde est ici – (8)

---

(2) *Genitrix*, qu'il terminera en septembre et qui sera publié chez Grasset en décembre.
(3) Aucune trace de cet ami.
(4) En Suisse du 4 au 18 mars où il donne ses conférences sur Freud et Proust.
(5) *Le Fleuve de feu*.
(6) Malgré ses relations de plus en plus cordiales avec Rivière, Mauriac ne fera jamais partie de l'équipe intime de la *NRF*, mais il essaie toujours de s'y accrocher. Son premier compte rendu – du roman de Lacretelle, *Silbermann* – date de décembre 1922.
(7) Née en 1899 elle est devenue championne du monde à 15 ans et de France entre 1920 et 1923, et encore en 1925 et en 1926. Elle a écrit plusieurs livres sur le tennis et a participé à quelques films. Elle est morte en 1938.
(8) Cette hostilité envers la société mondaine se trouve aussi dans certains essais de Mauriac des années vingt notamment *Le Jeune Homme*. Et voir sa lettre du 18

A mon retour, je voudrais vous montrer des vers de moi. Vous verrez que c'est très différent des *Mains jointes*. Gallimard, je crois, le moment venu, accepterait ce petit livre (9).

Mes hommages respectueux à votre femme.

Croyez-moi à vous.

F. Mauriac

février (XIV): 'Ne voyez-vous pas autour de vous que le péché tue, et qu'il est mortel, à la lettre?'

(9) Il s'agit probablement de trois poèmes, 'Péché mortel', 'Renoncement' et 'Ganymède' publiés dans *La Revue européenne*, 1 mars 1923. Ils ont une dimension sexuelle assez marquée: 'Ta présence mettrait un frein/A ma fureur plus que païenne...', 'Renoncement'. Mauriac écrit ces poèmes pendant un séjour seul à Nice où, comme il l'observe, sa situation rappelle celle de Daniel Trasis dans *Le Fleuve de feu* et, plus ironiquement, celle de Pierre D. dans *Florence*. Les poèmes sont repris et légèrement remaniés pour la collection *Orages* qui sera publiée non par Gallimard mais par Champion en 1925. 'Renoncement' devient 'Attendre et se souvenir'; 'Ganymède', 'Ganymède chrétien'.

XVI

le 6 Avril [1923]

Mon cher ami,

Si j'ai été long à vous répondre, ne m'en veuillez pas! Votre lettre m'avait fait tant de plaisir! Mais je suis un véritable galérien, et quand je sors d'avoir dicté trente lettres pour demander des notes ou refuser des manuscrits, vous devinez dans quelles dispositions je me trouve pour écrire à mes amis. Et puis, j'ai dû écrire un article sur la politique (1). Joli travail!

Et puis encore j'ai eu l'affaire Boissard-Romains, l'affaire Salmon–Cl. R. Marx, l'affaire Breton–Rivière (2), l'affaire Waldo-Frank [*sic*] – Valery Larbaud. C'est effrayant ce que les écrivains sont petits et embêtants!

Nous reparlerons de Bourget. Si je vous ai demandé l'article, c'est parce que je ne le concevais pas nécessairement comme "féroce". Il me semble qu'il y aurait quelques petites choses à dire en faveur du bonhomme, s'il y en a beaucoup d'autres dont l'accabler.

D'ailleurs, je dois avouer que son œuvre m'est à peu près inconnue.

Pour la note sur Marsan (3), il est encore temps. Je vous consentirai un délai

---

(1) 'Pour une entente économique avec l'Allemagne', *NRF* (mai 1923).

(2) De toutes les disputes que provoquent certains comptes rendus dans la *NRF* pendant les premiers mois de 1923, celle qui a la résonance la plus grande et la plus intéressante concerne les Surréalistes. Rivière écrit (*NRF*, avril) un compte rendu plein d'éloges et d'admiration pour les *Aventures de Télémaque* d'Aragon. Le 6 avril le *Paris-Journal* publie une lettre ouverte de celui-ci dans laquelle il rejette complètement ces 'éloges absurdes, et cette sorte de perfide manœuvre qui tend à louer [...] ce à quoi je ne tiens en rien'. Aragon a surtout peur que ses amis surréalistes en lisant l'article de Rivière, ne se peruadent qu'ils se sont trompés sur lui. La lettre dégénère en une attaque personnelle assez mesquine. Il faut ajouter que Breton avait déjà écrit à Rivière le 3 avril pour exprimer son mécontentement et son irritation. La réponse de Rivière est digne et ferme mais non sans tristesse devant ce manque de compréhension. Pour les autres disputes voir la *NRF* avril et mai (compte rendu de *Propos d'Atelier* d'André Salmon par Claude-Roger Marx); mars (compte rendu de *Rehab*, roman de Waldo Frank, par Valery Larbaud). L'affaire Boissard–Romains est un peu plus compliquée. Le 24 mars Rivière a reçu trois pages de Maurice Boissard (nom de plume de Paul Léautaud) qui ridiculise la pièce de Romains *Knock*. Romains collaborait avec la *NRF* depuis 1919 et Rivière refuse l'article: 'Si grand soit mon libéralisme, il ne peut aller jusqu'à laisser tourner en ridicule un des principaux collaborateurs de la *NRF*. Il ne s'agit pas de camaraderie; mais de cohérence'. Léautaud donne sa démission et sa dernière rubrique théatrale sera celle d'avril. (Voir *BAJRAF*, Vol. XI, No. 36, 1985.)

(3) Eugène Marsan (1882–1936). Monarchiste et auteur de plusieurs volumes de com-

plus long que celui que je vous assignais d'abord: jusqu'au 12, voulez-vous? – Et s'il vous paraît trop court encore, eh! bien vous ferez la note pour le prochain N°. A moins que le livre ne vous déplaise ... Il y a pourtant de bien jolies choses.

Je dois vous dire que j'ai eu quelques regrets de la façon dramatique dont je vous ai parlé de mon prochain livre (4). Au fond c'était un peu ridicule. Est-il vraiment si terrible que je vous le donnais à penser? Ce n'est en tout cas pas de la façon dont vous pourriez croire: par l'indécence ou l'impiété des sentiments que j'y avouerai. Non, si je lui donnais un sous-titre – ce que je ne ferai pas – ce serait simplement: Histoire d'un homme réfléchi. Et voilà indiqué le seul scandale qu'il faudrait s'attendre à y trouver: le scandale qui peut naître d'une réflexion parfaitement tranquille et objective sur soi-même et de l'adaptation d'un être aux exigences de la vie. Vous voyez que mon thème n'a rien de démoniaque et qu'il est fait pour décevoir Massis.

Je commence vraiment à avoir horreur du drame, tout au moins de celui qu'on a surajouté à ses difficultés intérieures pour les magnifier, pour en faire quelque chose d'intéressant. Je commence à trouver que le plaisir et le bonheur, si l'on peut s'arranger pour les atteindre, sont ce qu'il peut y avoir de plus intéressant au monde. J'ai presque honte de tout le temps que j'ai passé à me dire que le bonheur était impossible. C'était une lâcheté.

Voilà, mon cher ami, dans quel sens, et dans quel sens seulement, je deviens impie; et voilà la seule pente sur laquelle je pensais à vous pour me retenir. Mais sur quelle pente intérieure un homme s'est-il jamais retenu, même avec le secours des amis les plus dévoués? Au fond si j'ai été jusqu'ici très solitaire, c'est que je suis effroyablement autonome.

Oui, ne manquez pas de me montrez de vos vers. Je pense que Gallimard les accueillerait avec plaisir en plaquette (dans la collection: Une œuvre, un portrait).

A bientôt. Je vous remercie encore de votre lettre et de l'amitié que vous me

---

mentaires socio-artistiques des années d'avant et d'après la guerre. En 1923 il publie *Les Cannes de M. Paul Bourget et le bon choix de Philinte, petit manuel de l'homme élégant* dont quelques pages sur Bourget avaient déjà paru en 1909. Le compte rendu de ce livre sera fait par Crémieux et ne paraîtra qu'en septembre. C'est d'un autre livre, *Passantes* que Mauriac écrit un petit compte rendu (*NRF*, mai).

(4) *Florence*. Il est possible que Rivière essaie tout simplement de désamorcer la réaction de Mauriac à sa lettre du 16 février. Mais si son roman reflète d'une certaine façon son amitié amoureuse avec Antoinette Morin-Pons et si cette amitié lui donne moins d'angoisse qu'au début sa réponse est peut-être tout à fait simple et naturelle. Certainement dans cette lettre il paraît plus sûr de lui-même ('je suis effroyablement autonome').

témoignez. Je vous serre affectueusement les mains.

Jacques Rivière

XVII

1 Mai [1923]

89, RUE DE LA POMPE
PASSY 40 – 42
[carte]

Cher ami

[recto]

Je ferai donc une note pour Jammes (1) et je vous remercie de la pensée délicate qui vous fait vous adresser à moi. *Solitudes* a paru il y a plusieurs années (2). Mais si vous voulez..... cher ami, je suis sous le coup de la nouvelle que m'apprend le pauvre garçon placé par moi au Vieux-Colombier: or licenciée la jeune troupe et le régisseur; le voilà sur le pavé. Je lui avais fait quitter sa banque, sur la promesse de St Denis qu'on ne le lâcherait jamais. Et la morte saison menace. Et il fait vivre sa mère malade etc. etc. ... quel sinistre mélo que la vie des gens! (3) En dépit de mon amour de l'"Ordre" (4), je suis terrifié de la solitude des êtres dans la société ...Enfin voilà un garçon bachelier, intelligent, aimant les lettres, les livres, qui a été chef de section pendant la guerre, [*verso*] qui est d'une honnêteté, d'une pureté, d'une tendresse d'enfant et qui se trouve sans une pierre où poser sa tête... N'y aurait-il rien pour lui à la librairie? *Je vous supplie de faire quelque chose pour lui si c'est possible.....* Je me méfie de votre article politique que je n'ai pas encore lu... Avez-vous su que Daudet ce matin prend parti pour la n.r.f., pour *Gide*, et abat sa lourde patte sur l'obèse? (5) Il a du bon, ce frénétique... Je viens de relire

---

(1) Compte rendu du recueil de poèmes de Francis Jammes, *Le Premier Livre des quatrains* (*NRF*, juin).

(2) *Solitudes*, roman d'Edouard Estaunié qui avait été publié en 1917. Une nouvelle édition paraît chez Perrin en 1924.

(3) Michel St Denis, un neveu de Copeau qui faisait partie de l'équipe du Vieux-Colombier. Nous n'avons pu découvrir l'identité de ce 'pauvre garçon'. Le 2 mai dans son *Journal d'un homme de trente ans* Mauriac écrit: 'Je renonce à l'amour, à l'amitié, même à la camaraderie'.
Pour la clôture du Vieux-Colombier voir les deux conférences qu'a données Jacques Copeau en 1931 et qui ont été publiées sous le titre *Souvenirs du Vieux-Colombier* (Paris 1931): surtout la deuxième conférence (pp. 90–109).

(4) Référence sans doute au débat Rivière-Massis (voir Lettre XIII, note 1) et même peut-être à l'observation lointaine de Rivière concernant Mauriac en 1912: 'Mauriac nous embête avec son ordre et sa discipline' (voir Lettre VI, note 1). Cependant les guillemets suggèrent sinon un peu d'ironie contre lui-même au moins une reconnaissance de la part de Mauriac d'une différence de tempérament qui coexiste en même temps qu'une sympathie fondamentale et sincère.

(5) En 1923 le Prix Goncourt est accordé à deux romans – circonstance exceptionnelle – d'Henri Béraud, *Le Vitriol de lune* et *Le Martyre de l'obèse*. Les *Œuvres libres* (vol. XXIII) publient en mai de la même année une traduction par Béraud d'une nouvelle

américaine, 'The fun of being a fat man' par William A. Johnston qui avait paru à Boston en septembre 1922. Aucun doute alors que 'l'obèse' ne soit Béraud (1885–1958), journaliste, pamphlétaire et romancier qui sera condamné à mort en 1944 pour 'intelligence avec l'ennemi' mais sans autre preuve que celle d'une anglophobie violente. Mauriac intervient dans son procès en publiant un article dans le *Figaro* (30 décembre 1944) 'Autour d'un verdict'. Béraud est gracié et la peine de mort commuée en travaux forcés. Il sera mis en liberté conditionnelle en 1950. (Voir Lacouture, pp. 415–17.) Le 21 septembre 1921 un article de Béraud 'Ecrivains d'exportation' paraît dans *Les Cahiers d'aujourd'hui*, et dans lequel il prétend qu'au cours d'un voyage à Belfast il a constaté qu'on n'y trouve dans la Librairie Française que deux catégories de livres – livres de cuisine et ceux des auteurs de la maison Gallimard. L'année suivante il poursuit sa campagne surtout dans une série d'articles publiés dans le quotidien *L'Eclair*.

En janvier 1920 un 'service des œuvres à l'étranger' avait été établi par le gouvernement pour encourager la diffusion 'de bons ouvrages écrits en bon français'. Ce service est placé sous la direction en 1921 et 1922 de Jean Giraudoux et de Paul Morand; le premier, collaborateur à la *NRF* depuis 1909, le second sous contrat chez Gallimard. Selon Béraud la maison d'édition et la revue bénéficient considérablement et plus que d'autres des contacts formés par le service. Beaucoup de journaux, y compris *Le Figaro* et *Le Temps*, se joignent à la campagne. Gaston Gallimard demande à Frédéric Lefèvre de consacrer une de ses interviews dans *Les Nouvelles littéraires* à Giraudoux qui s'en sort sans trop bien convaincre (2 juin 1923). Trois mois plus tard Morand est appelé à parler à son tour (1 septembre) mais l'affaire continue à ce niveau jusqu'à la fin de l'année. En même temps elle développe une dimension plus sérieuse. Massis prend l'occasion de se ranger du côté de Béraud pour renforcer ses attaques contre l'influence diabolique de Gide et contre la chapelle de la *NRF*. (Voir Lettre XIII, note 1.) Pour Gide les accusations de Béraud sont maladroites et ignobles (voir son *Journal*) mais celles de Massis plus sérieuses: 'les articles de Massis étaient d'une autre encre; celui-ci [Béraud] me fait tout l'effet d'un idiot' (*Journal*, Bibliothèque de la Pléiade, Gallimard, Paris, 1951, p. 756). Néanmoins il lui arrive aussi de noter le 3 décembre 1924 non sans humour: 'Leurs attaques m'ont fait plus célèbre en trois mois que mes livres ne m'avaient fait en trente ans' (*ibid.*, p. 797). Gide parle de Béraud comme de l'auteur du *Triomphe de l'obèse*, ce qui est probablement une confusion puisque Béraud a écrit un livre intitulé *Le Triomphe des martyrs*, sinon c'est ou un trait d'humour de la part de Gide on un lapsus qui est vraiment ironique.

Mauriac fait allusion à l'article sur Daudet dans *L'Action française* du 1 mai, 'Les Nouveaux Ecrivains': 'Si éloigné que je suis, sur certaines questions, de M. Gide, il ne me viendrait certainement pas à l'idée de songer aux enfantillages appliqués de M. Béraud quand j'ai lu une page de l'écrivain terrible et pénétrant qu'est M. Gide'. Le 2 mai Gide écrit dans son journal (*op. cit.*, p. 756): 'j'ai la grande surprise de voir Léon Daudet prendre ma défense contre Béraud – fort joliment, ma foi – et parler de moi comme d'un écrivain "terrible et pénétrant" '.

La position que prend Mauriac dans la dispute avec Béraud reste toujours, comme celle qu'il adopte dans celle opposant Massis à Rivière, un peu ambiguë. Au cours de

votre "Claudel" – ayant à parler de l'*Otage* (6); ainsi j'ai vécu avec vous –

Affectueusement

FM

---

son propre interview avec Lefèvre (26 mai 1923) il se borne à dire que Giraudoux est 'incapable de rien faire d'indélicat'. Et pour le reste: 'Je crois qu'elle (la *NRF*) a fait en quelque sorte le trust de presque toutes les valeurs ajourd'hui, il suffit d'aligner les noms' et 'parmi les adversaires de la *NRF*, Massis me semble le seul logique'.

Il n'est pas sans intérêt d'ajouter en *post-scriptum* un petit extrait du compte rendu du *Martyre de l'obèse* par l'ami de Mauriac François Le Grix qui est paru dans *La Revue hebdomadaire* (22 décembre 1922): 'il est scabreux de couronner *Le Martyre de l'obèse* dans la même saison, ou presque, qui vit éclore *Les Thibaut* de M. Roger Martin du Gard, *Le Baiser au lépreux* de M. François Mauriac, *Le Songe* de M. Henry de Montherlant, *Ouvert la nuit* de M. Paul Morand, *Lucienne* de M. Jules Romains, *Aimée* de Jacques Rivière'.

(6) Si Mauriac a donné une conférence sur la pièce de Claudel nous n'avons pu en trouver trace.

XVIII

Cenon, le 8 Sept. [1923] (1)

Mon cher ami,

Entendu pour Mercredi (2).

Je voudrais beaucoup vous inviter à déjeûner ici, mais je n'y suis pas le maître. Cela doit vous faire entrevoir bien des impossibilités. Dont j'enrage.

Mais nous causerons plus tranquillement.

Tâchez de me faire ma note sur le Bon Apôtre à temps pour que je puisse la faire passer dans le prochain N°. (3). Si vous pouviez me l'envoyer pour Lundi.

A vous de tout cœur.

Jacques Rivière

---

(1) Il semble que cette lettre soit la première depuis la publication en juillet du compte rendu du *Fleuve de feu*. Mauriac, en était-il irrité? Il n'y a aucune référence à Mauriac dans les agendas de Rivière entre le 28 mai et le 2 septembre. La dernière référence à Rivière avant 1925 dans les carnets de Mauriac date du 11 avril 1923.

(2) Rivière est à Cenon avec sa femme depuis le 2 jusqu'aux derniers jours de septembre. Mauriac est à Saint-Symphorien où il terminera *Genitrix* le 23.

(3) Le compte rendu du livre de Philippe Soupault *Le Bon Apôtre* paraîtra dans la *NRF* en novembre.

XIX

Le 4 janvier [1924]

Mon cher ami,

J'ai enfin lu *Genitrix* (1). Je n'ai pas le livre sous les yeux, l'ayant laissé à Gide qu'un regard jeté dessus avait vivement alléché.

Vous savez combien j'aime tout ce que vous faites maintenant: ce nouveau livre ne fait pas exception. Pourquoi faut-il que l'article de Jaloux (2) me l'ait-il fait imaginer si différent de ce que je l'ai trouvé? Je le voyais à la fois plus simple, plus unilinéaire et plus en creux, si j'ose dire.

Votre composition dispersée, votre façon si savante de débiter le passé par petits morceaux intercalés dans le présent, votre façon d'atteindre la vie un peu où ça vous chante, où elle vous apparaît, me plaisent infiniment à certains égards. Cela vous permet d'être toujours concret, toujours évident, et cela reproduit admirablement la façon dont, en pratique, nous apprenons une histoire, c'est-à-dire par tous les bouts (3).

Mais cela donne aussi une petite gêne à mon esprit maladivement épris du continu. Je voudrais saisir du dedans, suivre d'un regard que rien ne distrairait le rapport de cette mère et de ce fils. Je l'entrevois, j'en ai des sensations, mais trop d'éléments m'en demeurent cachés, échappent même à des hypothèses. De même pour la passion du fils pour Mathilde après qu'elle est morte.

Je sais que je suis ennuyeux et indiscret. Mesurez bien pourtant tout ce que cette indiscrétion comporte d'intérêt pour vos personnages, pour votre œuvre.

---

(1) Publié dans la série les *Cahiers verts* chez Grasset en novembre 1923. Mauriac en envoie un exemplaire à Rivière dédicacé de la façon suivante:

à mon cher Jacques Rivière

son admirateur et son ami

F. Mauriac.

(2) *Les Nouvelles littéraires*, 15 décembre 1923. Edmond Jaloux (1878-1949) qui a écrit des poèmes, des romans et des nouvelles était en plus un critique de la littérature étrangère (et surtout allemande) aussi bien que française. Il était un lecteur bienveillant de Mauriac et a rédigé une étude des ses romans qui sert de longue préface au *Romancier et ses personnages* (1933).

(3) Cette remarque reflète en miniature et en partie la théorie de Rivière concernant le roman qu'il a élaborée dans ses articles 'Le Roman d'aventure'.

Ils vivent, mon cher ami, puisque je voudrais en savoir davantage sur leur compte. Ils vivent: tout est là.

Votre début est magnifique. La précision de l'atmosphère est presque vertigineuse. Et l'esprit en reste imprégné, au point que jamais je ne reprendrai votre livre dans ma bibliothèque sans sentir aussitôt une odeur de charbon et de seringa.

Je vous livre mes impressions hâtivement et en désordre; mais vous savez combien je suis opprimé par mon travail.

J'espère vous voir bientôt. Nous ne serons absents que le Mercredi 16. (Je vais en Belgique) (4).

J'attends vos notes sur Métérié et Idéologues (5). Courtes, n'est-ce pas? — Merci!

Je suis bien content d'avoir un Cahier Vert de votre *Genitrix*. Vous avez été gentil de m'en réserver un.

Je suis votre ami (6)

Jacques Rivière

---

(4) Du 11 au 17.
(5) Compte rendu des poèmes d'Alphonse Métérié, *Le Cahier noir* (février) et d'*Idéologues* de Jaime de Beslou, pseudonyme de Jacques-Emile Blanche (mars).
(6) Pour la première fois peut-être l'expression d'une admiration et d'une affection sans réserve.

XX

S. Symphorien Gironde 1 mai 24

Mon cher ami

"Cette âme pénitente, saturée de tendresse et de larmes" — c'est elle qui donne tout leur prix à ces pages (1). Faites-lui confiance, comme le voulait Alain-Fournier. Ainsi nous sommes revenus tous les deux à nos sources perdues (2)... Existe-t-il encore des âmes de cette race? Deux jeunes hommes causent-ils encore sur ce banc de Lakanal où votre ami et vous étiez assis? Tristesse de ne plus connaître jamais cette vie commune de l'intelligence et du cœur. Nous avons déjà commencé de mourir seuls (3) — nous dont l'unique devoir est de dégager notre vision des êtres et du monde, qui ne doit ressembler à aucune autre. Vous sentez comme moi cette solitude exaltante et terrible de l'écrivain. Je travaille beaucoup ici, dans une ardeur de sentiments, un besoin de prière, de pureté, de confiance qui me rend fraternelle l'âme de votre ami... Dire que tous nos rapports furent un article méchant de *Paris-Journal* en réponse à une étude imbécile que j'avais écrite dans la *R. H^{daire}* (4), – Tous les amis qu'on aurait pu avoir ... tous les chemins qui ne se sont pas croisés...

Adieu, cher ami. Dites à Madame Rivière que j'aime son frère et penserai toujours à lui – Et je vous aime beaucoup aussi

F. Mauriac

---

(1) En novembre Rivière publiera chez Gallimard, *Miracles*, une sélection de morceaux inédits (poèmes et proses) de son beau-frère. Mauriac tire cette citation de l'introduction de Rivière (p. 86), publiée d'abord dans la *NRF* en décembre 1922 et en février 1923.

(2) Cette année voit aussi la publication chez Bloud et Gay du petit livre de Mauriac sur André Lafon, *La Vie et la mort d'un poète*. (Voir Lettre VII, note 5).

(3) Dans son *Journal d'un homme de trente ans* Mauriac se révèle comme étant hanté par la peur de la vieillesse et de la mort; il est en train d'écrire *Le Désert de l'amour*.

(4) Voir Lettre VI, note 1.

XXI
EDITIONS DE LA NOUVELLE REVUE FRANÇAISE
3, rue de Grenelle

le 8 Juin [1924]

Mon cher François,

Henriot me prévient que vous seriez disposé à parler de son livre dans la N.R.F. (1). Vous savez combien je suis content quand je peux avoir une note de vous. Malheureusement j'ai déjà demandé à Lacretelle le compte-rendu d'Aricie Brun. Je n'ose le lui retirer. Peut-être pourriez-vous lui écrire vous-même un mot pour lui expliquer que le cadre de ce roman vous crée des droits spéciaux à en rendre compte. Je pense qu'il se désisterait sans difficulté.

Je suis content de cette occasion qui s'offre à moi de vous remercier du mot si gentil que vous m'avez écrit à propos de *Miracles*. Il m'a infiniment touché et ma femme aussi. J'aurais voulu vous répondre tout de suite. J'en ai été empêché par des bêtises.

J'aurais eu aussi des choses à vous dire sur la conclusion de votre André Lafon. Mais vous avez promis de revenir avant les vacances, à Paris. Peut-être pourrons-nous avoir une conversation. Je l'espère beaucoup. Je ne pars qu'en Juillet.

Je suis en grande dispute avec Grasset à propos de Radiguet. Quel phénomène! (Grasset) (2).

---

(1) Le compte rendu du roman d'Emile Henriot *Aricie Brun ou les vertus bourgeoises* sera de Jacques de Lacretelle et paraîtra en août.

(2) Malgré la moralité assez douteuse de son premier livre *Le Diable au corps*. Raymond Radiguet (1900–1923) était porté aux nues par presque tous les grands critiques. Pour le monde des lettres il était un nouveau Rimbaud. Grasset, qui avait publié son premier roman, lui versait une mensualité de 1500 francs pour lui permettre de se consacrer à la littérature; quelques mois plus tard Radiguet meurt d'une typhoïde. Mais il laisse un deuxième roman *Le Bal du comte d'Orgel* qui sera publié par Grasset avec une préface de Cocteau. Rivière le publie dans la *NRF* en juin (avec une petite introduction) et en juillet; il situe le roman de Radiguet nettement dans le courant du roman psychologique français.

Le 19 juillet un compte rendu par Mauriac paraît dans *La Revue hebdomadaire*. Citant un texte inédit de Radiguet que Cocteau avait lui-même utilisé dans sa préface Mauriac écrit que *Le Bal du comte d'Orgel* est un 'roman où c'est la psychologie qui est romanesque; le seul effort d'imagination est appliqué là, non aux événements, mais à l'analyse des sentiments'. Mauriac, comme Rivière, admire cette analyse et même suggère que Radiguet avait pu aller plus loin: 'Peut-être est-il trop le maître de ses créatures: elle ne l'entraînent jamais, elles suivent une ligne droite dont nous souhaiterions parfois qu'elle dévient'. Cependant il trouve en même temps que Radiguet mon-

Je vous serre les mains avec beaucoup d'amitié.

Jacques Rivière

---

tre une certaine mesure dans son art et que 'plus qu'aucun de nous, mérite l'épithète de classique'. Deux semaines plus tard Massis reprend le même thème — et les mêmes termes — dans *La Revue universelle.* En plus il prend l'occasion de poursuivre son attaque contre Rivière et l'équipe de la *NRF* (voir Lettre XIII, note 1). Radiguet n'est pas 'tombé dans les pièges de l'immoralisme et du "psychologisme" à la mode parmi les garçons de son âge [...] dans le désordre, il n'est pas égaré [...] par la recherche de la clarté intellectuelle, de la pureté, de la simplicité des moyens, il parvient à l'élégance de l'âme'. Massis compare *Le Bal du comte d'Orgel* avec *Aimée* et trouve qu'entre ces 'deux études de l'amour, il n'y a pas, en effet, de méprise possible et l'antagonisme apparaît saisissant'. Rivière, dit Massis, est jaloux.

XXII

EDITIONS DE LA NOUVELLE REVUE FRANÇAISE
3, rue de Grenelle
PARIS –VIᵉ ARR

Domaine de Sᵗ Victor
Cenon (Gironde)

le 12 Sept. [1924]

Mon cher François,

Je vous remercie de votre note, excellente malgré les mauvaises conditions où, dites-vous, vous avez dû l'écrire (1). Vous avez raison de faire apparaître cette seconde Mᵐᵉ de Noailles (2) qu'on ne remarque pas assez, qu'en tout cas on ne distingue pas assez de la jardinière et de l'extasiée. Puis-je pourtant vous dire que mon enthousiasme même pour la seconde reste un peu plus hésitant que le vôtre?

Je vous ai dit, je crois, quel désir j'avais de connaître votre nouveau roman (3). Votre développement de romancier est celui qui m'intéresse le plus aujourd'hui: c'est le plus dramatique que je connaisse; vos progrès sont toujours surprenants, au sens fort du mot. Quand pourra-t-on lire quelque chose?

Je ne me souviens plus de ce que vous m'avez dit au sujet de sa publication en revue (4). Si pourtant elle n'était pas encore arrêtée, la *N.R.F.* se porterait violemment candidate à l'honneur de l'entreprendre. Et je ne vous ferais pas de chapeau, vous savez; puisqu'il paraît que je ne sais les faire qu'en forme d'éteignoirs (5).

En grande amitié

Jacques Rivière

Où faut-il vous envoyer les épreuves de votre note?

---

(1) Sans doute l'inquiétude occasionnée par l'attente de la naissance de Jean, le 15 août.
(2) Compte rendu du *Poème de l'amour* qui paraîtra dans la *NRF* en octobre.
(3) *Le Désert de l'amour* paraîtra chez Gasset dans la série *Les Cahiers verts* en février 1925. Le 6 mars il sera couronné du Grand Prix du Roman.
(4) Avant sa publication en librairie le roman paraît dans *La Revue de Paris*, le 15 novembre, le 1 et le 15 décembre 1924, le 1 janvier 1925.
(5) Allusion un peu ironique sans doute à l'affaire Radiguet.

XXIII

[début janvier 1925]
89, RUE DE LA POMPE
PASSY 40-42

Mon cher ami

Je ferais volontiers la note – mais le plus simple serait de la demander à Crémieux qui nous a servi, l'autre soir, un petit topo sur le livre de Bost – et qui n'a plus qu'à le rédiger. Comme je n'ai pas reçu les mémoires de Castellane (1), je suppose que vous avez changé d'idée: j'ai entendu Thibaudet en parler d'une manière ravissante: vous devriez vous adresser à lui.

Je suis anxieux de savoir votre impression sur ce livre qui va paraître bientôt (2) – qui est peut-être la limite extrême de ce que je puis réaliser.

Ma femme et un de mes gosses partent pour Chamonix. Je commence l'année dans la solitude (3).

A mercredi, mon cher ami. Il faudra prendre date pour passer une soirée ensemble. Veuillez croire à mon affection.

F. Mauriac

---

(1) Compte rendu (*NRF*, mars) de *Comment j'ai découvert l'Amérique* de Boni de Castellane ainsi que celui du livre de Pierre Bost, *Homicide par l'imprudence*.
(2) *Le Désert de l'amour.*
(3) Agenda de Madame Mauriac, le 2 janvier 1925: 'départ avec Claude pour Chamonix. François nous conduit à la gare.'

XXIV

[5 janvier 1925]
Lundi soir

Mon cher François,

Je profite d'un petit instant de loisir pour commencer à vous donner mon impression détaillée sur votre roman; mais comme je suis claqué, permettez-moi d'user du style le plus plat.

Cette fois, vous y êtes tout à fait. J'ai eu un petit frisson au début de la quatrième partie (conversation Raymond-Maria au bar). J'ai cru que ç'allait tourner à de simples retours mélancoliques sur le passé, à la Jaloux. Mais point du tout! Les scènes suivantes rebondissent magnifiquement et la dernière entre père et fils est *admirable*. C'est un roman, un vrai.

Moi de qui le métier, et peut-être le don est de voir directement dans l'esprit des créateurs, je vois très bien tout ce qu'il y a de vous là-dedans, toutes les parcelles d'âme que vous avez abandonnées. Mais c'est parce que c'est mon métier. L'œuvre, en réalité, se détache complètement de vous, et vit d'une vie personnelle. Tous vos personnages sont établis dans tous les détails. Il n'y a plus trace de ces flemmes d'imagination qui vous prenaient parfois dans les précédents et qui donnaient des parties mortes, ou plutôt des parties d'auteur, où l'auteur seul était actif. Dans le Désert de l'amour, l'action est bien partout le propre des personnages; vous avez eu la patience de les laisser secréter chacun bien complètement leurs actes, leurs pensées.

Il y a aussi une composition très remarquable; je veux dire... que les événements sont utilisés avec la plus heureuse économie...

(Je m'arrête sur ce point; je ne peux pas très bien développer ma pensée.)

Si, voilà: les vies des personnages évoluent d'une façon à la fois parfaitement distincte et parfaitement combinée; il y a cette répercussion réciproque des unes sur les autres qui est indispensable pour qu'il y ait roman et pourtant on voit chacune se développer dans son désert propre. Je ne sais pas comment vous êtes arrivé à cela, mais c'est une réussite remarquable (1).

---

(1) Cette lettre est la dernière de celles que Rivière envoya à Mauriac. En janvier toute la famille Rivière est tombée malade. L'état de Jacques s'est aggravé et une typhoïde s'est déclarée: il en meurt le 14 février. Plus tard Mauriac écrit: 'Je garde dans mes trésors, une lettre de Jacques, interrompue au milieu d'un mot par sa dernière maladie, où il me parle du *Désert de l'amour* avec cette ferveur lucide qui anime toute sa critique. Le *Désert* est sans doute le dernier roman qu'il ait lu et dout il rêvait

[*Lettre sans signature*]

---

encore lorsque le délire le prit' (*La Rencontre avec Barrès*, *OC*, IV, pp. 201, 2). Et plus tard dans *Du côté de chez Proust*: 'Il m'avait remis cette lettre que la fatigue l'avait empêché d'achever. Une simple fatigue, disait-il, et c'était l'approche de la mort' (p. 147).

Après la mort de Rivière Mauriac a envoyé un exemplaire du *Désert de l'amour* à Isabelle avec la dédicace: 'en mémoire de Jacques, ce livre qu'il a aimé'.

C—E

XXV

[C.P. 8 janvier 1925]
89, RUE DE LA POMPE
PASSY 40-42

Mon cher Jacques, je fais la part de votre amitié, de votre indulgence – mais tout du même votre approbation me donne du courage... Parfois j'ai si peur que ce soit une 'grande machine' terriblement ampoulée, que ce *désert*! et j'y ai mis tellement de mon secret, je l'ai tiré de ma chair; j'aime ce livre comme un enfant de ma chair; on ne pourra pas l'insulter sans m'atteindre... (1) J'espère que vos grippes sont sur le déclin. J'imagine assez que vous avez pu comprendre, *vous*, mon docteur (2). Vous aurez ma chronique et le compte rendu de Bost d'ici quatre ou cinq jours (Vendredi ou Samedi) (3). Drieu et Montherlant (4) dînent avec moi

---

(1) Dans une phrase devenue célèbre Mauriac a dit en 1952: 'Le Désert de l'amour, ce pourrait être le titre de mon œuvre entier' ('Vue sur mes romans, *Le Figaro littéraire*, 15 novembre 1952). Deux ans plus tôt dans la préface au tome II des *Œuvres complètes* sa description de ce roman angoissé est plus révélatrice encore: 'Je l'écrivis à quarante ans dans les landes de Saint-Symphorien où une convalescence de mon fils Claude m'avait obligé de vivre quelques mois. Ma mère était là encore, tout près de sa fin. [Elle n'est morte que quatre ans plus tard en 1929.] Avec une sorte de rage divinatrice je décrivais par avance dans la personne du docteur Courrèges l'horreur de vieillir et d'aimer. La vieillesse est de tous les âges: chez les Courrèges, le vieillissement du père n'est pas pire que celui de l'adolescent Raymond. L'espèce de rancœur que la vie de famille avait accumulée en moi (et dont il ne reste rien aujourd'hui), cette rancœur qui devait se délivrer dans *Thérèse Desqueyroux* et dans *Le Nœud de vipères*, s'exprime ici déjà, mais sur un ton mineur, si j'ose le dire'. Au début de 1924, son fils Claude avait été atteint d'une pleurésie. Bien que les allusions contemporaines soient minimales, Mauriac révèle dans son *Journal d'un homme de trente ans* avoir été tourmenté par l'idée de responsabilité et de compensation: 'ce qui compte seul depuis huit jours: la vie menacée de mon petit garçon. Comment sortira-t-il de cette pneumonie? Souffrance, angoisse de mes vieilles idées chrétiennes: l'enfant paye-t-il pour moi? Cela ne tient pas debout... Et cet artiste en moi que tout enrichit, ce monstre qui, de toute douleur s'engraisse. Je frémis à la pensée des jours qui pourraient venir' (15 février 1924).

(2) Paul Courrèges dans *Le Désert de l'amour*.

(3) Voir Lettre XXIII, note 1.

(4) Pierre Drieu la Rochelle (1893–1945) avait jusqu'ici publié deux recueils de poèmes, *Fonds de cantine* (1920) et *Interrogation* (1917), des souvenirs, *Etat civil* (1921) et des essais, *Mesure de la France* (1922). Henri de Montherlant (1896–1972) s'était plutôt lancé dans le roman, *Le Songe* (1922) et *Les Olympiques* (1924). Tous les deux soutiennent et soulignent certaines qualités qu'ils trouvent dans le combat – courage, générosité, dignité, chevalerie. Déjà ils voient das l'état spirituel et physique de la France des signes d'une décadence irrémédiable. Mauriac continuera à entretenir des relations cordiales avec les deux écrivains. Il admirera en particulier le style de

jeudi vers 8 h. Voulez-vous venir, si vos malades vous laissent du répit? Nous serons
entre garçons. Répondez d'un coup de teleph. —

Votre

FM

Montherlant et les analyses pénétrantes de la société des années 20 et 30 de Drieu
dans, par exemple, des romans comme *Rêveuse bourgeoisie* (1937) ou *Gilles* (1939). En
1940 Drieu sera invité à prendre la direction de la *NRF* par les autorités allemandes.
Le premier numéro paraît le 9 décembre et le dernier en juin 1943. Drieu invite toute
une gamme d'écrivains à collaborer à la revue, y compris Mauriac. Le 11 décembre
1940 Mauriac lui écrit de Malagar: 'Quelle joie de retrouver la *NRF!* Soyez béni
d'avoir rendu cette résurrection possible. Il faut que les écrivains français – qui, après
tout, dans la France d'hier, représentaient une des rares valeurs authentiques – soient
unis, groupés affirmant la permanence de notre vie spirituelle'. Drieu invite Mauriac
à écrire sur des écrivains catholiques comme Hello et Bloy. La réponse de Mauriac est
assez chaleureuse: 'Je n'ai rien ici qui me permette d'écrire sur Hello et Bloy [...] Je
pourrais extraire pour vous certaines pages de mes mémoires sur Proust, sur Rivière
(avec lettres inédites), sur le salon de Mühlfeld, etc. [...] Je travaille, je réfléchis,
je fais oraison, et je m'aperçois de la vieillesse approchante à cette acceptation de
la solitude, du silence. [...] Je ferai toutes les notes que vous voudrez sur les livres
que vous croirez susceptibles de m'intéresser. Faites-moi envoyer, *ici*, tout ce que
Gallimard publie' (*Lettres d'une vie*, pp. 244, 5). Cependant dès qu'il a lu le premier
numéro il s'exprime déçu et se retire: 'Non, ce n° n'est pas ce que j'espérais – moi qui
rêvais d'une Revue "inactuelle"! [...] Cher Drieu, je pense qu'il vaut mieux attendre
un peu ... Si je vous voyais, je vous expliquerais ma position; je suis sur un plan où
personne ne se place: les deux cités, les deux croix' (*Ibid.* pp. 245, 6). La seule
contribution de Mauriac à la *NRF* à partir de ce moment-là sera 'Les Catholiques
autour d'André Gide' dans le numéro spécial consacré à Gide, en novembre 1951.

APPENDICE

(i) Compte rendu du *Fleuve de feu* (*NRF*, juillet 1923)

Il est bien certain, comme c'est devenu un lieu commun de le proclamer, surtout depuis la publication des ouvrages de Freud, que l'amour atteint en France à une perfection, et surtout à une pondération, qu'il ne rencontre nulle part ailleurs. Nulle part ailleurs l'exercice des sens n'est si heureusement réglé, n'empiète aussi peu sur la conscience et pourtant ne reste aussi constamment relevé, embelli, décoré par une aimable pointe de sentiment.

Mais cet équilibre, si précieux dans les mœurs, risque d'entraîner, en littérature et en psychologie, une certaine brièveté, qui pourrait à la longue devenir de l'indigence. Ce n'est jamais dans l'harmonie et la satisfaction que se révèlent les véritables profondeurs d'une âme. Et Dieu sait que je suis loin de souhaiter que nos romanciers s'appliquent systématiquement désormais à nous peindre des êtres contraints, refoulés ou pervertis. Mais entre cet excès et les tableaux qu'ils ont coutume de nous présenter, il y a une marge importante. Sans leur demander de constituer un musée des horreurs sexuelles, on peut exprimer le vœu qu'ils se départent de leur tendance à ne montrer jamais le désir que dans sa chance et comblé, on peut rêver d'une littérature où les drames et les malheurs des sens soient étudiés à la fois avec franchise, réserve et sympathie.

Est-ce par son catholicisme (car il est certain que le catholicisme seul jusqu'ici a su pénétrer profondément dans le problème de la chair) que François Mauriac se trouve si heureusement doué pour aborder ces sortes de sujets? Le fait est que lui seul jusqu'ici a su les concevoir et les traiter autrement qu'avec l'aride technicité du médecin ou qu'avec la facile ironie du 'peintre de mœurs'. Qu'il 'appuie' parfois un peu trop, qu'il se complaise à créer des atmosphères troubles, à condenser la sensualité en nuages un peu lourds, je ne le nierai pas. Mais cette insistance ne doit pas nous faire méconnaître l'esprit tout nouveau, l'esprit de vérité et de charité, qu'il apporte dans la peintre d'un personnage comme celui de Gisèle de Plailly.

Il est extraordinaire, quand on y pense, que l'ardeur des sens, chez la femme, la transforme toujours, aux yeux du romancier, ou bien en 'femme fatale', ou bien en personnage ridicule. Toute la misère qui peut s'ensuivre chez celle qui n'en trouve pas l'apaisement légal et qui pourtant refuse de s'évader vers la débauche: voilà ce que Mauriac semble apercevoir le premier.

A sa place, je me serais immanquablement épris de Gisèle et j'aurais cherché pour la peindre des touches plus amoureuses encore. Mais celles qu'il pose sont déjà empreintes de beaucoup de tendresse. Une exquise pitié guide son pinceau. Il nous fait à merveille éprouver cette fièvre constante, cette langueur, non pas sans objet, mais sans consentement, sans réussite, qui hantent son héroïne, ces flammes du corps qui viennent impitoyablement baigner cette âme dépourvue d'adresse comme de vilenie. Il nous entraîne vraiment sur les pas de Daniel Trasis, qui, dit-il, 'n'avait jamais rien exigé de la vie que cette recherche épuisante dans les ténèbres d'autrui', jusqu'au foyer qui consume Gisèle et dans le secret misérable de ses aventures.

Un certain goût de ce qui est périssable ou flétri, un certain amour chrétien de la pourriture qu'il a hérité de Baudelaire, joints à un sens merveilleux du concret, lui permettent de reconstruire d'une manière saisissante le cadre de sa chute. Je ne connais rien de plus désolant, de plus pauvre, qui m'émeuve à la fois et me fasse rougir autant, que cette rencontre au cinéma, où Gisèle répond au genou de l'aspirant et le suit dans un hôtel des Ternes. Imagination facile, dira-t-on, ou plutôt détail emprunté à la plus banale réalité. Qu'importe si c'est celui qui nous fait voir toute la scène, et sous le jour honteux et pitoyable qui peut seul lui communiquer un sens profond, une grandeur! 'Le destin ne lui ayant donné que ce visage, l'affamée s'en était saisie. Nous aimons qui nous pouvons'.

Habile à concevoir des personnages (ceux de Daniel Trasis et de Lucile de Villeron, qui m'attachent moins que celui de Gisèle, sont loin pourtant de manquer de force et de vie), à leur donner du mystère, puis à les révéler progressivement à son lecteur dans leur fond intime, fort adroit à construire entre eux une relation dramatique, Mauriac me paraît moins heureux quand il essaie de suivre le développement aussi bien de leurs sentiments respectifs que du conflit où il les a engagés. Peut-être une certaine capacité logique, un certain esprit de conséquence lui font-ils défaut. Du moins en perçoit-on le manque dans le *Fleuve de Feu*. Car l'évolution de Gisèle, d'abord, même en la supposant aidée par la Grâce, reste très artificielle et assez peu vraisemblable. Comment imaginer en quelques jours, ou même en quelques semaines, convertie, épurée, délivrée par la Grâce, cette âme qui nous a été montrée prise 'dans des liens si tendres et si violents'? Si le miracle était possible, du moins fallait-il nous y faire assister. Mais même du point catholique, je ne crois pas qu'on puisse admettre que l'aiguillon du désir se retire aussi soudainement d'une chair jeune, vivante et saine et qu'il a trouvée si longtemps facile à inquiéter; je ne crois pas (mais je ne suis pas en droit d'en décider) qu'avec la conception du péché originel, reste conciliable une si prompte évacuation de l'âme par les doux serpents qui la mal conseillent.

D'autre part la dispute qui s'amorce si tragiquement autour de Gisèle entre Daniel et Lucile de Villeron, entre l'amant et l'amie, on regrette que Mauriac ait négligé de nous en montrer les péripéties ultérieures. Car il est impossible qu'une femme énergique et passionnée comme Lucile se replie si vite après l'accident de la dernière nuit à Argelès, dans une neutralité si hasardeuse et dans des rêveries si obscures; et il est, sinon impossible, du moins peu acceptable, qu'un jeune homme qui nous est présenté comme un 'ravageur' et qui d'autre part applique dans ses amours 'la règle cartésienne d'être le plus ferme et le plus résolu en ses actions qu'il peut' et de 'ne revenir jamais sur ses pas', se laisse si facilement déposséder d'une proie conquise et encore désirable. Sans doute nous savons sa soif de pureté, son désir de ne pas troubler 'le jeu de la Villeron' ni l'influence régénératrice qu'elle exerce sur Gisèle. Mais ce sentiment ne pouvait triompher en lui, me semble-t-il, comme chez Lucile la lassitude, qu'après une lutte plus acharnée, plus longue, plus féconde en alternatives. Il eût fallu montrer ces trois êtres se modifiant les uns les autres, se poussant par une série de coups de force et de ruses vers un dénouement qui eût pu être celui-là même que Mauriac a choisi, mais dont on eût senti alors plus fortement la nécessité.

Pourtant nous ne songerions pas à toutes ces possibilités de drame si Mauriac justement ne les avait pas d'abord créées avec son sujet. Chacun de ses romans non seulement est en progrès sur le précédent, mais encore contient de quoi faire rêver au-delà de lui-même. C'est le signe d'un talent en pleine croissance et qui n'a pas fini de nous donner d'heureuses surprises.

Jacques Rivière

(ii) Lettre à Jacques Rivière, à propos de la correspondance Claudel-Gide, *La Table ronde*, décembre 1949)

Si nous survivons en Dieu, cher Jacques, tels essentiellement que nous fûmes sur la terre, je ne crois pas que vous puissiez demeurer indifférent à cette correspondance entre Gide et Claudel publiée par *Le Figaro littéraire*, et qui touche au plus secret de l'une au moins de ces deux vies. Elle m'entretient depuis que je l'ai lue dans un état de rêverie ardente et un peu sombre à laquelle vous participez: si vous aviez vécu, jusqu'à l'âge que j'ai atteint, peut-être auriez-vous gardé comme moi une confiance de vieil enfant dans des aînés aveuglément admirés et chéris. Du fond de ce gouffre le lumière où vous êtes, j'imagine votre regard plein de tristesse et de reproche, fixé sur ces lettres livrées à tous, pièces d'un procès plaidé et perdu qui n'intéresse plus que l'histoire littéraire.

Pour les garçons que nous fûmes, vous vous rappelez ce qu'elles signifiaient. Nous ne les avions pas lues, bien sûr! mais nous connaissions leur existence. Ce dialogue entre le poète des *Grandes Odes* et l'auteur des *Nourritures terrestres*, concernait chacun de nous en particulier; car la question posée dépassait infiniment les singularités de *Corydon*. Quel chrétien de vingt ans ne fut alors partagé entre deux tentations: celle du Dieu de Claudel et de son exigeant amour, celle du monde délicieux où 'tout est permis'?

La voilà donc cette correspondance, objet d'une profanation: elle rappelle ces pauvres meubles rendus sacrés par le contact de nos morts et les souvenirs de l'enfance et qui, ravis à l'ombre sainte de la maison vendue, attendent sur le trottoir, dans l'indifférent soleil, l'heure de l'encan. Cette vente avant décès, mieux qu'aucun événement de la vie internationale, m'oblige à regarder en face cette évidence que nous appartenons à une société en pleine liquidation.

Je surmonterai mon angoisse. Aidé par vous, je m'efforcerai de dérober à ces lettres un enseignement qui ne concerne que nous deux, serais-je tenté d'écrire – s'il m'appartenait de troubler avec mes pauvres déconvenues, cher Jacques, votre inimaginable paix. Elles m'obligent à réfléchir, ces lettres pathétiques, sur la condition d'un animal étrange: l'homme de lettres, sur cette loi de l'espèce à laquelle j'appartiens encore et qui fut aussi la vôtre: ne pas s'en aller de ce monde sans avoir tout dit de nous-même, sans emporter la certitude que le dossier que nous laissons après nous est complet, qu'aucune pièce n'en a été détournée, fût-ce la plus accablante pour notre mémoire.

Depuis Jean-Jacques, depuis Chateaubriand, ce n'est plus l'œuvre qui compte, mais le drame de son auteur qu'elle commente et qu'elle rehausse de quelques images. Tout se passe comme si l'écrivain ne doutait pas de sa mission qui est d'assumer dans les siècles un certain type humain bien défini: il faut que le portrait soit achevé et que nul n'y puisse plus apporter la moindre retouche.

Chez André Gide, ce parti pris se trouve curieusement renforcé parce qu'il relève de l'éthique: l'homme qui a écrit *Corydon* et qui a choisi d'avancer dans la vie à visage découvert en tenant à la main son masque, a voulu que nos arrière-neveux aient le pouvoir de pénétrer encore plus avant dans la connaissance de lui-même: il leur livre donc les documents les plus secrets, ces carnets où parfois l'homme qui ne prie plus se soulage d'un fardeau qu'il désespère de porter tout seul: comme s'il faisait un trou dans la terre et qu'il y enfouissait sa figure et qu'il versait dans une oreille inconnue l'indicible secret de son destin. Ainsi le consentement de Gide à publier ses lettres, dans *Le Figaro littéraire*, nous le comprenons, même si nous en souffrons; et peut-être le comprenez-vous mieux encore, de là où vous êtes, cher Jacques. Ce consentement relève d'une attitude arrêtée depuis des années.

Oserai-je dire que j'entre moins aisément dans les raisons de Paul Claudel? Pourquoi a-t-il tenu à cette publication? Car enfin Gide est toujours vivant, son procès toujours en cours, le dernier mot en ce qui le concerne n'est pas dit. Ai-je tort de voir comme un renoncement prématuré, dans la mise en vente des lettres de Claudel à Gide? 'L'instruction est close', semble-t-il nous dire. Mais non: nos copies ne sont pas remises avant la mort; vous le savez, vous, Jacques, qui avez été sauvé à la dernière seconde, – vous dont les dernières paroles furent: 'Et maintenant je sais que je suis miraculeusement sauvé'. On dirait que pour Claudel, Gide est déjà jugé, qu'il nous faut abandonner la partie. J'entends bien qu'il reste de nous obstiner sur un autre plan: la prière, le sacrifice. Tout de même, cette correspondance livrée au public par Claudel donne à penser qu'à ses yeux les jeux sont faits et qu'il juge désormais sans objet ses efforts d'autrefois en faveur d'une âme exceptionnelle.

Mais pourquoi 'exceptionnelle'? Nous touchons ici à un doute que j'éprouve moi-même et que Claudel lui aussi a peut-être ressenti. Ce combat spirituel autour d'une âme qui nous paraissait précieuse entre toutes, les écrivains catholiques l'ont mené dans cette persuasion obscure qu'un grand écrivain a plus de prix aux yeux de l'Etre infini que l'humble chrétien de la rue. Ce fut là notre erreur de transposer sur le plan de l'Eternité ce prestige dont jouit à nos yeux un artiste admirable. Le total dédain de l'Eglise pour les romans et autres fariboles des gens de plume devrait pourtant nous préparer à la miséricorde un peu humiliante qui peut-être enveloppera toute la gent littéraire au jour du règlement de comptes. Ce jour-là, j'imagine parfois qu'il ne sera question de nos livres ni pour nous en accabler, ni pour nous en faire un mérite: ils n'existeront même pas dans la pensée de Dieu, de ce Dieu qui connaît les secrets des cœurs et qui les appréhende du dedans, et qui n'a donc pas besoin de ces témoignages truqués sur nous-mêmes, de ces portraits retouchés où nous tenons la pose – de nos livres enfin.

Peut-être Claudel a-t-il compris lui, l'auteur de ce vers, de ce raccourci accablant: 'L'homme de lettres, l'assassin et la fille de bordel' que tous les prêtres et tous les fidèles qui prient et souffrent en secret pour le salut d'un grand écrivain, et qui ne le feraient pas pour un marchand de marrons du coin, surclassent démesurément les gens de lettres. Nous sommes en réalité les frères des comédiens et, plus encore, des prostituées par notre comportement qui est de perdre notre personnalité, d'en revêtir d'autres, de nous livrer au premier venu, d'ouvrir nos cœurs comme d'autres leurs corps et de nous vendre.

Mais peut-être Claudel garde-t-il aussi, comme André Gide, le souci d'ajouter un trait à l'image qu'il laissera de lui-même? Que cela doit vous paraître étrange de là où vous êtes, cher Jacques! Comment ne pas admirer chez les deux grands adversaires aux prises une croyance égale à cette dérisoire éternité promise par les manuels de littérature? Foi qu'on serait tenté de juger comique aujourd'hui où toutes les pythonisses, toutes les sybilles, toutes les Cassandre nous avertissent que notre génération n'aura pas de postérité.

C'est peut-être qu'en dépit de cette civilisation qui autour d'eux s'écroule, nos vieux maîtres se consolent en songeant que d'Antigone au pieux Enée, presque tous les protagonistes du monde antique ont pu se frayer une route jusqu'à nous à travers les débris d'Athènes, de Carthage et de Rome, et que sur les décombres de l'Europe qui fument encore, l'Ane d'Or d'Apulée remue toujours ses oreilles obscènes. Ainsi rêvons-nous, gens de lettres, qu'au-delà de l'âge atomique, les créatures que nous avons inventées occuperont encore les cœurs et les esprits de survivants. Quelle folie! Mais c'est la nôtre, de Claudel au plus récent 'prix Goncourt'.

Le croyant et l'athée rêvent de la même chance pour leurs personnages. Les frêles caravelles gidiennes, les lourds bâtiments claudéliens cinglent avec une foi passionnée vers cette immortalité dans la mémoire des hommes qui n'est que pur néant. Le croyant, lui-même, ne se défend pas d'espérer dans cette poussière, dans cette cendre, dans ce rien.

Quant à notre Gide, nous, les vivants, nous ne pouvons plus rien pour lui: vous seul, Jacques, saurez lui parler durant les heures de la nuit où il veille et songe. Il reconnaîtra votre voix amie. Dites-lui: 'Cher Gide, cette correspondance que vous livrez à tout venant, ce document comme un autre pour servir à votre histoire, constitue, au vrai, l'épisode d'un drame dont nous ne connaissons pas encore la fin: tentative maladroite et avortée, mais dont l'avortement ne nous autorise à rien préjuger touchant la dernière péripétie – la seule qui compte. Vous n'avez pas eu la grâce de naître au sein de la vieille Eglise mère, ni de suivre la route royale qu'elle a frayée vers la Vie éternelle; mais il existe des sentiers de chèvres pour aller à Dieu.'

Guidez-le, cher Jacques, vers un de ces sentiers dérobés. Aidez-le à passer tout seul la ligne de démarcation au-delà de laquelle règne cet amour en qui vous avez cru.

François Mauriac

TABLE DES MATIERES

Avis V
Introduction VI

CORRESPONDANCE

Appendice
 (i) Jacques Rivière: '*Le Fleuve de feu* par François
     Mauriac', *La Nouvelle Revue Française*, juillet 1923. . . 50
(ii) François Mauriac: 'Lettre VI, à
     propos de la correspondance Claudel–Gide',
     La Table ronde, décembre 1949. 52

jc